IONE BUYST
MANOEL JOÃO FRANCISCO

O MISTÉRIO CELEBRADO: MEMÓRIA E COMPROMISSO II

LIVROS BÁSICOS DE TEOLOGIA
Para a formação dos agentes de pastoral
nos distintos ministérios e serviços da Igreja

DIREÇÃO E COORDENAÇÃO GERAL DA COLEÇÃO:
Elza Helena Abreu, São Paulo, Brasil

ASSESSORES:
D. Manoel João Francisco, bispo de Chapecó, Brasil
Mons. Javier Salinas Viñals, bispo de Tortosa, Espanha
João Batista Libanio, S.J., Belo Horizonte, Brasil

PLANO GERAL DA COLEÇÃO

TEOLOGIA FUNDAMENTAL
1. *Crer num mundo de muitas crenças e pouca libertação*
João Batista Libanio

TEOLOGIA BÍBLICA
2. *A História da Palavra I*
A. Flora Anderson, Gilberto Gorgulho, Pedro L. Vasconcellos, Rafael R. da Silva
3. *A História da Palavra II*
A. Flora Anderson, Gilberto Gorgulho, Pedro L. Vasconcellos, Rafael R. da Silva

TEOLOGIA SISTEMÁTICA
4. *Esperança além da esperança*
M. Angela Vilhena e Renold J. Blank
5. *A criação de Deus* (Deus e criação)
Luiz Carlos Susin
6. *Deus Trindade: a vida no coração do mundo*
Maria Clara L. Bingemer e Vitor Galdino Feller
7. *Deus-Amor: a graça que habita em nós*
Maria Clara L. Bingemer e Vitor Galdino Feller
8. *Cristologia e Pneumatologia*
Maria Clara L. Bingemer
8.1. *Sois um em Cristo Jesus*
Antonio José de Almeida
8.2. *Maria, toda de Deus e tão humana*
Afonso Murad

TEOLOGIA LITÚRGICA
9. *O mistério celebrado. Memória e compromisso I*
Ione Buyst e José Ariovaldo da Silva
10. *O mistério celebrado. Memória e compromisso II*
Ione Buyst e Manoel João Francisco

TEOLOGIA MORAL
11. *Aprender a viver. Elementos de teologia moral cristã*
Márcio Fabri dos Anjos

DIREITO CANÔNICO
12. *Direito eclesial: instrumento da justiça do Reino*
Roberto Natali Starlino

HISTÓRIA DA IGREJA
13. *Eu estarei sempre convosco*
Henrique Cristiano José Matos

TEOLOGIA ESPIRITUAL
14. *Espiritualidade cristã*
Francisco Catão

TEOLOGIA PASTORAL
15. *A pastoral dá o que pensar. A inteligência da prática transformadora da fé*
Agenor Brighenti

APRESENTAÇÃO DA COLEÇÃO

A *formação teológica* é um clamor que brota das comunidades, dos movimentos e organizações da Igreja. Diante da complexa realidade local e mundial, neste tempo histórico marcado por agudos problemas, sinais de esperança e profundas contradições, a *busca de Deus* se intensifica e percorre caminhos diferenciados. Nos ambientes cristãos e em nossas igrejas e comunidades, perguntas e questões de todo tipo se multiplicam, e os *desafios da evangelização* também aumentam em complexidade e urgência. Com isso, torna-se compreensível e pede nossa colaboração o *clamor por cursos e obras de teologia* com sólida e clara fundamentação na Tradição da Igreja, e que, ao mesmo tempo, acolham e traduzam em palavras a ação e o sopro de vida nova que o Espírito Santo derrama sobre o Brasil e toda a América Latina.

É importante lembrar que os documentos das Conferências do Episcopado Latino-Americano (Celam) e, especialmente, as *Diretrizes Gerais da Ação Evangelizadora da Igreja no Brasil* (CNBB), assim como outros documentos de nosso episcopado, não cessam de evidenciar a necessidade de *formação teológica* não só para os presbíteros, mas também para os religiosos e religiosas, para os leigos e leigas dedicados aos distintos ministérios e serviços, assim como para todo o povo de Deus que quer aprofundar e levar adiante sua caminhada cristã no seguimento de Jesus Cristo. Nossos bispos não deixam de encorajar iniciativas e medidas que atendam a essa exigência primordial e vital para a vida da Igreja.

O documento 62 da CNBB, *Missão e ministérios dos cristãos leigos e leigas*, quando trata da "força e fraqueza dos cristãos", afirma: "... aumentou significativamente a busca da formação teológica, até de nível superior, por parte de leigos e leigas" (n. 34). E, mais adiante, quando analisa o "diálogo com as culturas e outras religiões", confirma: "tudo isso torna cada vez mais urgente a boa formação de cristãos leigos aptos para o diálogo com a cultura moderna e para o testemunho da fé numa sociedade que se apresenta sempre mais pluralista e, em muitos casos, indiferente ao Evangelho" (n. 143).

Atentas a esse verdadeiro "sinal dos tempos", a Editorial Siquem Ediciones e a Editora Paulinas conjugaram esforços, a fim de prestar um serviço específico à Igreja Católica, ao diálogo ecumênico e inter-religioso e a todo o povo brasileiro, latino-americano e caribenho.

Pensamos e organizamos a coleção "Livros Básicos de Teologia" (LBT) buscando apresentar aos nossos leitores e cursistas todos os tratados de teologia da Igreja, ordenados por áreas, num total de quinze volumes. Geralmente, os tratados são imensos, e os manuais que lhes correspondem são volumosos e rigorosamente acadêmicos. Nossa coleção, pelo contrário, por unir consistência e simplicidade, diferencia-se das demais coleções voltadas a essa finalidade.

Conhecer a origem desse projeto e quem são seus autores tornará mais clara a compreensão da natureza desta obra e qual seu verdadeiro alcance. A coleção LBT nasceu da frutuosa experiência dos *Cursos de Teologia para Agentes de Pastoral* da Arquidiocese de São Paulo (Região Episcopal Lapa). Os alunos dos vários núcleos freqüentemente pediam subsídios, apostilas, livros etc. O mesmo acontecia em cursos semelhantes, em outras regiões e dioceses. Contando com a colaboração de experientes e renomados teólogos de várias dioceses da Igreja no Brasil, pouco a pouco foi surgindo e ganhando corpo um projeto que pudesse atender a essa necessidade específica. De todo esse processo de busca e colaboração, animado e assistido pelo Espírito Santo, nasceu a coleção "Livros Básicos de Teologia".

Fidelidade a seu propósito original é um permanente desafio: proporcionar formação teológica básica, de forma progressiva e sistematizada, aos agentes de pastoral e a todas as pessoas que buscam conhecer e aprofundar a fé cristã. Ou seja, facilitar um saber teológico vivo e dinamizador, que "dê o que pensar", mas que também ilumine e "dê o que fazer". É desejo que, brotando da vida e deitando suas raízes na Palavra, na Liturgia e na Mística cristã, essa coleção articule teologia e prática pastoral.

Cabe também aqui apresentar e agradecer o cuidadoso e sugestivo trabalho didático dos nossos autores e autoras. Com o estilo que é próprio a cada um e sem esgotar o assunto, eles apresentam os temas *fundamentais de cada campo teológico*. Introduzem os leitores na linguagem e na reflexão teológica, indicam chaves de leitura dos diferentes conteúdos, abrem pistas para sua compreensão teórica e ligação com a vida, oferecem vocabulários e bibliografias básicas, visando à ampliação e ao aprofundamento do saber.

Reforçamos o trabalho de nossos autores, convidando os leitores e leitoras a ler e mover-se com a mente e o coração através dos caminhos descortinados pelos textos. Trata-se de ler, pesquisar e conversar com o texto e seu autor, com o texto e seus companheiros de estudo. Trata-se de dedicar tempo a um continuado exercício de escuta, de consciência crítica, de contemplação e partilha. Aí, sim, o saber teológico começará a transpor a própria interioridade, incorporando-se na vida de cada dia e, pela ação com o Espírito, gestará e alimentará formas renovadas de pertença à Igreja e de serviço ao Reino de Deus.

Certamente esta coleção cruzará novas fronteiras. Estará a serviço de um sem-número de pessoas e comunidades eclesiais da América Latina e do Caribe, com elas dialogando. Estreitaremos nossos laços e poderemos ampliar e aprofundar novas perspectivas evangelizadoras em nosso continente, respondendo ao forte clamor de preparar formadores e ministros das comunidades eclesiais.

A palavra do Papa João Paulo II, em sua Carta Apostólica *Novo millennio ineunte* [no começo do novo milênio], confirma e anima nossos objetivos pastorais e a tarefa já começada:

> *Caminhemos com esperança! Diante da Igreja, abre-se um novo milênio como um vasto oceano onde é necessário aventurar-se com a ajuda de Cristo (n. 58).*

> *É necessário fazer com que o único programa do Evangelho continue a penetrar, como sempre aconteceu, na história de cada realidade eclesial. É nas Igrejas locais que se podem estabelecer as linhas programáticas concretas — objetivos e métodos de trabalho, formação e valorização dos agentes, busca dos meios necessários — que permitam levar o anúncio de Cristo às pessoas, plasmar as comunidades, permear em profundidade a sociedade e a cultura através do testemunho dos valores evangélicos (...). Espera-nos, portanto, uma apaixonante tarefa de renascimento pastoral. Uma obra que nos toca a todos (n. 29).*

Com as bênçãos de Deus, certamente esta coleção cruzará novas fronteiras. Estará a serviço e dialogará com um sem-número de pessoas e comunidades eclesiais da América Latina e do Caribe. Estreitaremos nossos laços e poderemos ampliar e aprofundar novas perspectivas evangelizadoras em nosso continente, respondendo ao forte clamor de capacitar formadores e ministros das comunidades eclesiais.

ELZA HELENA ABREU

Coordenadora geral da Coleção LBT

Dados Internacionais de Catalogação na Publicação (CIP)
(Câmara Brasileira do Livro, SP, Brasil)

Buyst, Ione
    O mistério celebrado : memória e compromisso II : teolo-
gia litúrgica / Ione Buyst e Manoel João Francisco . – 2. ed. – São
Paulo : Paulinas ; Valência, ESP : Siquem, 2012. – (Coleção livros
básicos de teologia ; 10)

    Bibliografia.
    ISBN 978-85-356-1356-8 (Paulinas)
    ISBN 978-84-95385-44-4 (ed. original)

    1. Celebrações litúrgicas   2. Igreja Católica - Liturgia
3. Vida cristã I. Francisco, Manoel João.   II. Título.   III. Série.

12-01365   CDD-264.02

Índices para catálogo sistemático:
1. Igreja Católica : Liturgia   264.02
2. Liturgia : Igreja Católica   264.02
3. Teologia litúrgica : Igreja Católica 264.02

2ª edição – 2012
1ª reimpressão – 2016

© Siquem Ediciones e Paulinas
© Autores: Ione Buyst e Manoel João Francisco

Com licença eclesiástica (24 de junho de 2004)

Coordenação geral da coleção LBT: Elza Helena Abreu
Editora responsável: Vera Ivanise Bombonatto
Assistente de edição: Anoar Jarbas Provenzi

*Nenhuma parte desta obra pode ser reproduzida ou transmitida
por qualquer forma e/ou quaisquer meios (eletrônico ou mecânico,
incluindo fotocópia e gravação) ou arquivada em qualquer sistema ou
banco de dados sem permissão escrita da Editora. Direitos reservados.*

Siquem Ediciones
C/ Avellanas, 11 bj. 46003 Valencia – Espanha
Tel.: (00xx34) 963 91 47 61
e-mail: siquemedicion@telefonica.net

Paulinas
Rua Dona Inácia Uchoa, 62
04110-020 – São Paulo – SP (Brasil)
Tel.: (11) 2125-3500
http://www.paulinas.org.br – editora@paulinas.com.br
Telemarketing e SAC: 0800-7010081

© Pia Sociedade Filhas de São Paulo – São Paulo, 2004

INTRODUÇÃO

Que lugar as celebrações litúrgicas ocupam na atual sociedade secularizada, pluralista, num Brasil preponderantemente "católico" desde a colonização? Para muitas pessoas, tais celebrações continuam um imperativo, uma necessidade vital. Sem o batismo, sem a primeira comunhão, sem o casamento na igreja, sem as bênçãos, romarias e procissões, sem a presença do padre no velório ou no enterro, sem as missas de sétimo dia, algo muito importante está faltando. Nem sempre, no entanto, esta necessidade está ligada à fé cristã, como adesão a Jesus Cristo e sua proposta, como seguimento evangélico e testemunho na sociedade. Pode tratar-se mais de uma necessidade, que todo ser humano tem, de expressar o sentido da vida com gestos e ações simbólicas, com ritos de passagem em momentos de mudanças profundas na vida (nascimento, puberdade, casamento, ruptura, doença, morte).

Sem negar este valor antropológico e sociológico, sentimos hoje a necessidade de entender os sacramentos e demais celebrações litúrgicas em seu sentido próprio, com base na peculiaridade da fé cristã. De fato, diante da oferta sempre crescente de crenças, ritos e assistência espiritual das mais diversas procedências, com estilos muito diferentes, impõem-se um aprofundamento crítico, uma tomada de consciência, uma descoberta das celebrações sacramentais como experiências espirituais, capazes de animar e alimentar autenticamente nossa vida como cristãos.

A vida cristã abrange todas as dimensões da vida humana. A expressão ritual, memorial, é uma delas, indispensável, ao lado de outras como o permanente aprofundamento de nossa fé e o compromisso com a missão de testemunhar nossa esperança, cada vez dentro de novos contextos sociais e culturais. A expressão ritual, celebrativa da vida cristã é indispensável, pois, como ação simbólico-sacramental do mistério de Cristo, é fonte e cume de toda a vida da Igreja e da vida de cada cristão em particular. A liturgia, com sua linguagem total, atinge todas as dimensões de nosso ser: sensorial, psíquica, mental, espiritual. Daí a importância da teologia litúrgica nesta coleção.

No volume I (número 9 da coleção) tratamos da "liturgia geral", procurando aprofundar questões como: Por que celebrar? Qual a especificidade de uma celebração cristã? Como a celebração cristã se desenvolveu ao longo de dois milênios de cristianismo? O que celebramos? Quem celebra? Qual o papel da Sagrada Escritura, das ações simbólicas, das preces e orações, da música e do silêncio na liturgia cristã? Este volume II da teologia litúrgica trata da "liturgia específica", estudando separadamente, em sua especificidade, cada um dos sacramentos e sacramentais, assim como outras celebrações de nossa fé, como as exéquias, o ano litúrgico, a celebração dominical da Palavra, a Liturgia das Horas, a dedicação de igreja e altar.

A celebração litúrgica central de nossa fé e sua expressão máxima é a celebração eucarística. A missa dominical constitui (ou deveria constituir) como que o coração da vida e da caminhada pascal das comunidades, percorrendo e celebrando ao longo do ano litúrgico várias facetas do único e mesmo mistério pascal do Senhor. Os sacramentos da iniciação cristã (batismo, crisma, eucaristia), preparados por um período relativamente longo de catecumenato ou de catequese, introduzem cada pessoa como membro de plena cidadania na vida da comunidade cristã, com sua missão de testemunhar Deus e o seu Reino. Os sacramentos da reconciliação, da unção dos enfermos, da ordem e do matrimônio expressam nossa identificação com Cristo em momentos significativos de nossa vida. O mesmo se dá com a grande variedade de sacramentais (bênçãos, consagrações e exorcismos): ritualizam momentos significativos de nossa existência, ajudando-nos a vivê-los no seguimento de Jesus Cristo. As exéquias celebram a morte de um cristão, o último passo de sua caminhada pascal, em união com Jesus Cristo.

Dois assuntos que deveriam normalmente fazer parte do volume I serão tratados neste: o tempo e o espaço da liturgia. A consideração sobre o tempo introduz o estudo sobre a celebração dominical da Palavra e a Liturgia das Horas; a do espaço introduz o estudo sobre a dedicação de igreja e altar.

A especificidade da cada celebração, sua teologia e espiritualidade são por nós encontradas nas leituras bíblicas, salmos e outros cantos, orações e preces, ações simbólicas próprias, indicadas em cada ritual. Por isso, sugerimos que um estudo atento dos rituais faça parte da metodologia litúrgica.

Os autores.

Capítulo primeiro

INICIAÇÃO CRISTÃ E SEUS SACRAMENTOS

Manoel João Francisco

Já diziam os Pais da Igreja (Tertuliano e são Jerônimo): *Os cristãos não nascem, se fazem*. Com isso queriam dizer que, para ser cristão, supõe-se uma decisão pessoal, progressivamente amadurecida e paulatinamente desenvolvida num período de tempo chamado "catecumenato".

No Brasil e em grande parte da Igreja espalhada pelo mundo, as pessoas nascem cristãs, sem passar por nenhum processo de iniciação. Somos, por isso, uma grande nação de batizados, mas sem energia cristã. Vivemos uma situação de divórcio entre fé e vida, a ponto de não nos comoverem as clamorosas situações de injustiças, de desigualdade social, de violência e insegurança pessoal, nacional e até mundial. Sem dúvida nenhuma, a nossa falta de energia cristã vai provocar também a falta de vocações para os diversos ministérios na Igreja.

O *Catecismo da Igreja Católica*, confirmando a tradição, afirma que *tornar-se cristão é algo que se realiza desde os tempos dos apóstolos por um itinerário e uma iniciação que passam por várias etapas* (CIC 1229).

Por isso, desde o começo, a Igreja, antes de batizar, exigia um período de prova que mostrasse a seriedade e a sinceridade da conversão dos seus candidatos:

> No início, convidando os homens à conversão, exortamos [...]. E, quando os que exortamos fazem progresso, mostrando-se purificados pela Palavra, levando o quanto possível uma vida melhor, então nós os chamamos à iniciação perfeita.[1]

> [...] É preferível protelar o batismo conforme a condição, a disposição e também conforme a idade de cada qual, sobretudo quando se trata de crianças [...]. Por que haveria essa idade inocente de se apressar tanto para receber a remissão dos pecados. Costuma-se agir com maior circunspecção nas coisas do mundo. Como haveríamos de confiar os bens celestiais a quem não confiamos os terrenos? Que ao menos sejam capazes de pedir a salvação, pois só é dada a quem pede.[2]

---

[1] ORÍGENES, *Contra Celso*, III, 59, pp. 138-139. (Sources Chrétiennes 136.)
[2] TERTULIANO, *O batismo*, XVIII, 1, 4 e 5. Petrópolis, Vozes, 1975. p. 53.

No entanto, a partir do século V, o batismo de crianças se tornou norma comum na Igreja, prescrita por vários sínodos, estabelecendo-se, até, sanções contra aqueles que o adiassem por muito tempo. Essa nova prática foi, aos poucos, colocando no esquecimento o catecumenato e, conseqüentemente, a consciência da necessidade de uma iniciação cristã.

Na consciência profunda da Igreja, no entanto, o batismo continuou sendo um sacramento próprio dos adultos, pois, embora se batizassem quase que exclusivamente as crianças, o ritual continuou sendo o de adultos. Somente com a reforma do Concílio Vaticano II é que foi elaborado um verdadeiro ritual do batismo de crianças.

Essa consciência nunca de todo perdida e a preocupação dos pastores diante da descristianização e da secularização dos países tradicionalmente católicos provocaram estudos que mostraram a necessidade de restaurar o catecumenato e a iniciação cristã, finalmente sancionados pelo Concílio Vaticano II:

> *Restaure-se o catecumenato dos adultos dividido em diversas etapas, introduzindo-se o uso de acordo com o parecer do Ordinário do lugar. Desta maneira, o tempo do catecumenato, estabelecido para a conveniente instrução, poderá ser santificado com os sagrados ritos a ser celebrados em tempos sucessivos.*

> *Nas Missões, além do que existe na tradição cristã, seja também lícito admitir os elementos de iniciação que se encontram em cada povo, à medida que possam ser acomodados ao rito cristão.*

> *Revejam-se ambos os ritos do batismo de adultos, tanto o mais simples como o solene, tendo em conta a restauração do catecumenato.*

> *Seja revisto também o rito da confirmação para mais claramente aparecer a íntima conexão deste sacramento com toda a iniciação cristã (SC 64-66 e 71).*

A restauração do catecumenato foi decretada; publicou-se até o *Ritual da iniciação cristã de adultos*, mas o processo de iniciação, como opção pastoral, ainda não começou na maioria das dioceses do Brasil e, com certeza, em muitas partes do mundo. A compreensão do que significa "iniciação" e do que vem a ser "catecumenato" ainda não foi assimilada e integrada por grande parte dos agentes de pastoral. Além do mais, é preciso ter presente que não se trata de uma simples restauração do catecumenato e da iniciação cristã nos moldes do que era feito nos primeiros séculos da Igreja. A formação da consciência e da personalidade do ser humano é condicionada pela cultura e meio em que este último vive. Por isso, pode-se afirmar que a grande maioria dos eventuais candidatos ao batismo não é mais pagã, no sentido estrito da palavra. Quase todos são filhos de pais batizados e vivem no meio de pessoas batizadas. A Igreja, por sua vez, não precisa ser implantada como nos primeiros séculos, ou como acontece ainda hoje, em terra de missão. Outro aspecto indispensável no processo de iniciação e na restauração do catecumenato é a situação daqueles que, apesar de batizados, precisam de um "quase catecumenato", ou seja, aqueles que na infância receberam uma catequese correspondente à sua idade, mas em seguida se afastaram de toda prática religiosa e se acham cronologicamente em idade madura, mas com conhecimento religioso prevalentemente infantil; aqueles que se ressentem de uma catequese precoce, mal orientada e mal assimilada; aqueles, enfim, que, embora nascidos em países sociologicamente cristãos, nunca foram educados na sua fé e, chegados à idade adulta, são verdadeiros catecúmenos (CT 44).

Com base na situação descrita anteriormente, o presente estudo pretende abordar de forma sintética, mas sistemática, o processo da iniciação cristã. Além disso, objetiva expressar algumas questões que ainda parecem permanecer como desafios para a nossa ação evangelizadora. Para tanto, este capítulo foi dividido em quatro pontos. O primeiro mostrará que, apesar de não serem muito evidentes, existem na sociedade processos de iniciação. O segundo ponto tratará da questão específica da iniciação cristã, seu sentido e suas etapas. O terceiro ponto preocupar-se-á com os momentos sacramentais da iniciação, a saber, batismo, crisma e eucaristia. Enfim, no quarto e último ponto do capítulo, esboçar-se-á uma tentativa de aplicação pastoral do *Ritual da iniciação cristã de adultos*.

1. SOCIEDADE ATUAL E PROCESSO INICIÁTICO

Num primeiro olhar, o processo iniciático parece não se justificar. Hoje, uma mentalidade profundamente marcada pelo tecnicismo coloca em risco a dimensão simbólica do ser humano e o impede de descobrir o significado e a contribuição que a religião pode dar à sociedade dita "pós-moderna".

Atualmente, a transmissão dos valores e da tradição já não se faz mais por iniciação, mas por aprendizagem. A sabedoria dos mais velhos deixou de ser considerada. Os depositários das experiências são os livros, os microfilmes, os computadores, as memórias eletrônicas. Na atual sociedade industrial não se tem mais necessidade de experiência gestada serenamente no tempo e transmitida na prática pelo testemunho. Hoje, tudo se transmite por meio de cursos intensivos e programas informatizados. A formação é múltipla, diversa, especializada e fragmentada. Acentua-se um aspecto e negligencia-se outro. A iniciação, pelo contrário, é globalizante.[3]

É também característica da sociedade contemporânea a relativização dos valores. É muito difícil distinguir o certo do errado, o bem do mal (cf. Is 5,20). Cresce, desta forma, a dificuldade de escolha e de decisão. A adolescência, hoje, pode prolongar-se além dos 20 anos.

A esses fenômenos na transmissão de conhecimentos e valores, soma-se o fato de que hoje a pertença a grupos ou instituições é também parcial,

---

[3] Cf. Pasquier, A. *Typologie des mécanismes du transmetre*. Beauchesne, Paris, 1988. p. 155.

funcional e plural. Pertence-se a um grupo em vista de um fim bem preciso e limitado no tempo. A pessoa não se engaja na sua totalidade. Por isso é possível, ao mesmo tempo, pertencer a dois ou três grupos, às vezes opostos e até contraditórios. O homem e a mulher modernos são atraídos pelos detalhes, pelo relativo, pelo passageiro. Deixam-se levar pela embriaguês do estético. Interessam-se apenas por "quadros" super-rápidos de programas bem variados. O homem e a mulher de hoje têm muita dificuldade de colocar-se a caminho por uma causa ética maior que exija engajamento a longo prazo.

Acrescentem-se a tudo isso a mobilidade social e os imperativos da produção para se ter a receita perfeita da erosão de qualquer processo iniciático.

No entanto, apesar de tudo isso, para muitos estudiosos o processo iniciático continua presente no imaginário de nossa sociedade, e os homens e mulheres de hoje continuam sentindo necessidade de se iniciarem. Junte-se a isso a necessidade que a modernidade trouxe de as pessoas buscarem razões e convicções para a sua prática pessoal e para a sua integração social. Não podemos, pois, depois da modernidade simplesmente prescindir do princípio da autonomia.

H. Bourgeois, por exemplo, faz a seguinte afirmação:

> Tenho, contudo, a convicção de que as sociedades ocidentais, na sua multiplicidade variegada, não são de todo estranhas ao fenômeno da iniciação. Simplesmente esse fenômeno mudou de lugar, ou melhor, distanciou-se. Já não tem mais a forma que tinha nas sociedades mais estáveis, mais unificadas e mais abertas à tradição. Por isso, anuncia-se, um pouco de pressa demais, o seu desaparecimento, em vez de falar de sua transformação e de observar o seu possível renascimento em certas circunstâncias.[4]

O sociólogo francês M. Maffesoli, em sua obra *O tempo das tribos. O declínio do individualismo nas sociedades de massa*, defende a idéia de que as pessoas de hoje, em todos os campos (trabalho, cultura, sexualidade), dão prioridade, por bem ou por mal, ao sentimento de pertença, criando o que ele chama de tribo. As pessoas de hoje, diante de um mundo racional e técnico que fragmenta a vida, sentem cada vez mais necessidade de se reapropriar de sua existência em sua unidade. Daí o interesse, sempre maior, pelas tribos, formas improvisadas ou bem organizadas de vida associativa. Para participar desses grupos, com freqüência, exige-se uma espécie de iniciação, com ritos que, em alguns casos, são chamados de "batismo":

> Qualquer que seja a duração da tribo, esses rituais são necessários. Podemos, então, observar que eles tomam um lugar cada vez mais importante na vida cotidiana. Existem rituais mais ou menos imperceptíveis que permitem sentir-se à vontade, "ser

---

[4] BOURGEOIS, H. *Teologia catecumenale*. Brescia, Queriniana, 1993. p. 157. Ver também, a este respeito, PASQUIER, *Typologie des mécanismes du transmetre*, cit., p. 160.

um freqüentador" de um bar ou de uma boate [...]. Da mesma forma para ser bem servido pelos comerciantes do bairro, ou para passear em tal ou qual rua específica e bem característica. Os rituais de pertença são encontrados, certamente, também nos escritórios e nas oficinas, e a socioantropologia do trabalho está cada vez mais atenta a eles. Finalmente podemos lembrar que o lazer ou o turismo de massa apóiam-se essencialmente neles.[5]

A matéria intitulada "Tribo faz ritual de *body branding*", publicada no jornal *Folha de S. Paulo*, ilustra bem o que acaba de ser dito. Eis algumas frases pinçadas do texto:

> *Entre as várias tribos urbanas de São Francisco, Califórnia, a dos que se "batizam" no ritual de* body branding *ainda é reduzida a poucos, mas ardorosos adeptos [...]. Fakir explica que o objetivo é criar cicatrizes em ritos de passagens que marcam novas fases e conquistas pessoais. Segundo o mais famoso instrutor de branding e piercing da Costa Oeste dos Estados Unidos, ter um cone de incenso queimando a pele é uma experiência mística. A sensação de paz que se espalha é maravilhosa. O casal Michael Joiner e Julie Nicholson viajou de Houston, Texas, para ter a oportunidade de ser supervisionado por Fakir enquanto aplicavam ferros quentes um no outro. "É nosso ritual de união", explica ela, que saiu do curso com uma deusa da fertilidade estampada na barriga.*[6]

Tudo isso permite afirmar que a iniciação, sob formas diversas, está presente em nossa sociedade e em nossa cultura. Subsiste de forma esparsa, povoa o nosso imaginário, corresponde a uma expectativa e hoje se apresenta sob novas formas. Paradoxalmente a organização fragmentada e técnica da sociedade e de seus círculos de formação vivificam a necessidade de o indivíduo se possuir por inteiro como pessoa diante do mistério da existência, dos outros e dos desafios do mundo.

2. O QUE SE ENTENDE POR INICIAÇÃO CRISTÃ

A "iniciação" é fenômeno comum a todas as religiões e até mesmo na sociedade civil. Portanto, ela não é uma prática exclusivamente cristã. O termo procede do latim e significa "entrar em".

Mircea Eliade, depois de estudar a iniciação em diversas culturas, chega à seguinte definição:

> *Um corpo de ritos e ensinamentos cujo objetivo é produzir uma modificação radical do estatuto religioso e social da pessoa que vai ser iniciada. Em termos filosóficos, a iniciação é equivalente a uma mutação ontológica da condição existencial. O noviço emerge da sua provação como um ser totalmente diferente: tornou-se outro.*[7]

---

[5] MEFFESOLI, M. *O tempo das tribos*; o declínio do individualismo nas sociedades de massa. Rio de Janeiro, Forense Universitária, 1987. pp. 195-196.

[6] *Folha de S. Paulo*, 3.10.1997.

[7] ELIADE, M. A iniciação e o mundo moderno. In: _____. *Origens*; história e sentido na religião. Lisboa, Ed. 70, 1989. p. 137.

Para os cristãos, iniciação significa um processo de formação e amadurecimento em que a pessoa vai, aos poucos, por um itinerário místico-catequético-sacramental, chamado catecumenato, identificando-se com Cristo e com seu mistério pascal. Pela iniciação, morre-se para o pecado e vive-se para Deus em Cristo Jesus (cf. Rm 6,1-11). Terminado o processo de iniciação, ou seja, o catecumenato, a pessoa já não é mais a mesma. É uma pessoa marcada e selada pelo Espírito (cf. 2Cor 1,22; Ef 1,13). Passa a ser uma nova criatura, vivendo uma realidade nova (cf. 2Cor 5,17). Juntamente com os demais iniciados, começa a participar da Igreja, uma corporação tão forte e tão unida quanto são unidos e interdependentes os membros de um corpo (cf. 1Cor 12,13).

A iniciação cristã é, por um lado, iniciativa, graça e dom divino, pois é o próprio Deus quem age, e, por outro, resposta pessoal e comunitária. Segundo afirmação do episcopado espanhol, *a originalidade essencial da iniciação cristã consiste no fato de que Deus tem a iniciativa e a primazia na transformação interior da pessoa e em sua integração na Igreja, fazendo-a partícipe da morte e ressurreição de Cristo.*[8]

A iniciação cristã é, portanto, um processo de aliança que se celebra e se sela com os chamados sacramentos de iniciação. Nela, como nas demais iniciações, percebe-se uma seqüência de "morte" e ressurreição em que se podem distinguir três momentos: ruptura, provas e reinserção.

2.1. Ruptura

Iniciar-se significa deixar o passado e começar uma vida nova. Por isso, a iniciação geralmente começa com ritos que marcam uma ruptura. Desestrutura-se o homem velho e entra-se numa atitude de quem quer passar por uma metamorfose e nascer de novo (Jo 3,3).

Para se referir a essa ruptura, exigida pela iniciação, a Bíblia fala de morte ao pecado e ao homem velho, que se corrompe ao sabor das concupiscências enganosas. O *Ritual da iniciação cristã de adultos* fala de passagem *do velho homem para o novo, que tem sua perfeição em Cristo.* Fala também de *progressiva mudança de mentalidade e costumes, com suas conseqüências sociais.* Lembra ainda o ritual que *sendo o Senhor, em quem cremos, um sinal de contradição, não é raro que o convertido faça a experiência de rupturas e separações, mas também das alegrias que Deus concede sem medida* (RICA 19,2).

Comentando essa exigência, santo Agostinho assim se expressa: *Ninguém pode começar uma vida nova se não se arrepende de sua vida anterior* (Sermão 351,2).

---

[8] Conferência episcopal española, *La iniciación cristiana. Reflexiones y orientaciones*, 9.

Inspirando-se em são Paulo para analisar com precisão a estrutura sacramental da iniciação cristã, Orígenes observa que, se o batismo é sepultar-se com Cristo, é necessário, ao menos, que se tenha antes morrido. Sem a "morte", ou seja, sem o arrependimento e a mudança de vida, o rito eclesiástico do batismo não produz seu efeito de morte e nascimento para uma vida nova "na água e no Espírito".[9]

A liturgia simboliza e expressa essa ruptura de diversas formas e em diferentes momentos: no rito de instituição dos catecúmenos, por exemplo, com o rito de renúncia aos falsos cultos e com a assinalação da fronte e dos sentidos com o sinal-da-cruz; e durante o catecumenato, mediante as celebrações da Palavra e dos exorcismos.

2.2. Provas

O Concílio Vaticano II lembra que é prática antiqüíssima da Igreja investigar os motivos de conversão das pessoas e, se necessário, purificá-los (AG 14/893; cf. também RICA 69). Por isso, durante o processo de iniciação o catecúmeno deve dar prova de idoneidade através da conversão de mentalidade e dos costumes, do senso de fé e de caridade e do conhecimento suficiente da fé. Para tanto, vai sendo aos poucos iniciado nos mistérios cristãos e na prática dos costumes evangélicos. O ritual chama de escrutínios os três momentos em que os catecúmenos são examinados e provados. Toda a comunidade deve participar dessa prova mediante a manifestação de seu parecer (RICA 135). Exige-se nesses exames ou provas que o catecúmeno tanto demonstre vontade de adquirir um sentido profundo de Cristo e da Igreja, de progredir no conhecimento de si mesmo, por meio do exame sincero de sua consciência, como esteja disposto à prática constante da verdadeira penitência. É o tempo do combate espiritual, da luta contra as tentações, da destruição do "corpo de pecado" que existe no ser humano (cf. Rm 6,6) e da crucifixão da própria carne com suas paixões (cf. Gl 5,24). Todo esse processo supõe o acompanhamento de um introdutor ou mestre que garanta a seriedade e a sinceridade da conversão e das aptidões do candidato.

Os escrutínios não são simples exames ou provas teóricas. *O que se procura por eles é purificar o espírito e o coração, fortalecer contra as tentações, orientar os propósitos e estimular as vontades para que os catecúmenos se unam mais estreitamente a Cristo e reavivem seu desejo de amar a Deus* (RICA 154). Na verdade, eles são momentos de reforço na opção. O introdutor (mestre) procura, juntamente com o catecúmeno, *descobrir o que houve de imperfeito, fraco e mau no coração dos eleitos, para curá-los; e o que houve de bom, forte e santo, para consolidá-los* (RICA 25).

---

[9] ORÍGENES, *In Ep. ad Rom. Comm.*, t. V, 8; P.G. 14, 1038-1039.

2.3. Reinserção

Depois que os catecúmenos demonstraram, por meio de provas e testemunhos, que romperam com o tipo de vida que antes levavam, a Igreja decide acolhê-los oficialmente em seu seio mediante os sacramentos de iniciação. A decisão é muito séria. Dela participam *o bispo, os presbíteros, os diáconos, os catequistas, os padrinhos e toda a comunidade local, por meio de seus delegados. Cada um, conforme sua competência e depois de madura reflexão, manifeste seu parecer sobre a formação e o progresso dos catecúmenos.* Conforme as condições da região e as exigências pastorais, a decisão pode assumir diversas formas, pode até envolver o grupo dos catecúmenos (RICA 135 e 137).

A decisão será depois comunicada pelo bispo, durante uma celebração, geralmente no início da quaresma, após a homilia, com estas ou outras palavras:

> *Caros irmãos, estes catecúmenos solicitaram sua iniciação nos sacramentos da Igreja nas próximas festas pascais. As pessoas que os conhecem julgam que seu desejo é sincero. Eles já ouviram com assiduidade a palavra de Cristo e esforçaram-se por viver segundo seus mandamentos; participaram da comunhão fraterna e das orações. Agora comunico a toda a assembléia que o conselho da comunidade decidiu admiti-los aos sacramentos, e peço aos padrinhos que confirmem diante de vós o seu parecer* (RICA 145).

Depois desta acolhida oficial, os catecúmenos continuam sua formação de forma mais intensa, durante toda a quaresma e na vigília pascal recebem os sacramentos da iniciação cristã: batismo, crisma e eucaristia.

3. BATISMO, CRISMA, EUCARISTIA, MOMENTOS SACRAMENTAIS DA INICIAÇÃO CRISTÃ

Na doutrina da Igreja, o batismo, a crisma e a eucaristia sempre foram apresentados como sacramentos da iniciação cristã e deveriam ser conferidos no percurso de uma única celebração, após um processo razoavelmente longo de iniciação ao mistério e à vida cristã. Na prática, porém, a partir do século V, com a generalização do batismo de crianças e o eclipse da iniciação, eles se separaram, passando a caminhar por estradas diferentes e independentes, a ponto de serem celebrados com rituais totalmente distintos e autônomos e terem conteúdos doutrinais próprios sem nenhuma relação recíproca.

A restauração da iniciação cristã, feita pelo Concílio Vaticano II, não pretendeu abolir o batismo de crianças, nem desejou que a celebração do sacramento da crisma caísse em desuso. Muito pelo contrário, determinou revisão e atualização de seus rituais (SC 66 e 71). Essa orientação se confirma com as prescrições do *Código de Direito Canônico* que obrigam os pais a batizar seus filhos dentro das primeiras semanas depois do nascimento (cân. 867 §1) e se reforça com a *Instrução sobre o batismo de crianças*, publicada pela Congregação para a Doutrina da Fé, que lembra ser o batismo das crianças "uma norma de tradição imemorial" que conserva ainda hoje todo o seu valor e, nas devidas condições, é seguida sem reserva.[10]

Segundo os documentos e rituais da Igreja, o processo da iniciação cristã e do catecumenato não é uniforme. Podem-se distinguir, pelo menos, seis tipos:

a) Preparação para a confirmação e a eucaristia de crianças em idade de catequese (quase catecumenato).

b) Iniciação de crianças em idade de catequese (catecumenato).

c) Preparação para a confirmação e a eucaristia de adultos que, batizados na infância, não receberam a devida catequese (quase catecumenato).

d) Iniciação cristã de adultos (catecumenato).

e) Reiniciação daqueles que, embora tendo sido crismados e recebido a eucaristia, abandonaram a prática religiosa e desejam voltar.

f) Itinerário catecumenal para os que desejam aprofundar sua fé e prática cristã.

No primeiro e terceiro tipo, encerra-se o catecumenato com a celebração da crisma e da eucaristia. No segundo e quarto tipo, coroa-se o processo com a celebração dos três sacramentos de iniciação: batismo, crisma e eucaristia. Algumas observações sobre cada um desses três sacramentos e de suas relações recíprocas trarão, com certeza, mais luz sobre os seis processos de iniciação anteriormente elencados.

3.1. Primeiro momento: batismo de crianças

O batismo de crianças, embora tenha sido, como lembra a instrução da Congregação para a Doutrina da Fé, "uma norma de tradição imemorial", foi sempre, através da história, uma prática mais ou menos controvertida e, nos últimos anos, tornou-se um dos pontos mais discutidos da teologia e da pastoral sacramental.

Segundo o Novo Testamento, só entra no Reino quem for batizado (cf. Jo 3,5), mas para ser batizado é preciso crer (cf. Mc 16,16; At 2,41; 8,12-13; 10,47).

Partindo dessa orientação bíblica, santo Agostinho lançou os fundamentos da doutrina tradicional do batismo de crianças.

---

[10] SCDF, *Instrução sobre o batismo das crianças*. Cidade do Vaticano, Typis polyglottis vaticanis, 1980.

As questões que se punham eram: 1) Se a fé é uma exigência do batismo, como batizar uma criança incapaz de crer? 2) Se o batismo é necessário para a salvação, qual seria a sorte das crianças que morrem sem ser batizadas?

À segunda pergunta respondeu-se com a prática: batismo de crianças. A consistência dessa resposta, no entanto, iria depender da que fosse dada à primeira pergunta. Em sua obra *O livre-arbítrio*, santo Agostinho responde que *conforme uma crença sólida, piedosa e razoável, o que é de fato útil à mesma criança batizada é a fé daqueles que a oferecem para ser consagrada a Deus. Essa opinião é recomendada pela autoridade muito salutar da Igreja*. Para esclarecer seu pensamento, recorre à passagem da ressurreição do filho da viúva de Naim:

> *Nesse sentido, qual o proveito que o filho daquela viúva encontrou com sua própria fé, visto que, uma vez estando morto, já não a possuía mais? Entretanto a fé de sua mãe lhe foi de tanta utilidade que lhe obteve a ressurreição (cf. Lc 7,11-17). Logo, com quanto mais forte razão a fé de uma outra pessoa pode aproveitar a uma criança à qual, certamente, não se pode inculpar de falta de fé.*[11]

Nos últimos tempos, tanto a prática quanto a doutrina que sustentam o batismo de crianças têm sido postas em crise. Alguns teólogos acham falta de respeito para com o texto bíblico fundamentar a necessidade do batismo com a passagem de Jo 3,5: *Quem não nascer da água e do Espírito não pode entrar no Reino de Deus*. A ameaça de uma possível exclusão da salvação eterna não deve ser, pois, a razão da prática do batismo de criança. No Novo Testamento todas as leis que se referem à salvação são dirigidas a pessoas adultas ou que, pelo menos, sejam capazes de ser interpeladas e de responder com conhecimento de causa e livremente.

Teólogos e pastoralistas também se perguntam sobre a prática de batizar na fé dos pais, quando muitos deles, na sociedade pluralista em que vivemos, pedem o batismo para os filhos, sem que eles mesmos tenham fé e, em vez de ser garantes da fé de seus filhos, com freqüência são os primeiros a desviar as crianças de sua prática.

A prática do batismo de crianças, no entanto, está muito enraizada na cultura e no imaginário de nosso povo. Num contexto de exclusão como o nosso, em que a vida nasce frágil e, com freqüência, é desrespeita, pedir o batismo, para uma grande maioria de nossa gente, significa gritar por dignidade e por reconhecimento. Batizar o filho, para nosso povo pobre, significa entrar na história, e mostrar as raízes, que não é "bicho", que como pessoa merece participar da comunidade, que afinal também ele e ela são filho e filha de Deus. Essa realidade vivida por tantos irmãos não autoriza nenhum pastor a abolir o batismo de crianças; pelo contrário, exige que seja

---

[11] SANTO AGOSTINHO, *O livre-arbítrio*, III, 23,67. São Paulo, Paulus, 1995. (Col. Patrística.)

mantido. À margem da sociedade e de muitas de suas instituições, essas pessoas têm o direito de ser acolhidas e assumidas como filhas e irmãs na comunidade eclesial.

No entanto, acolher o irmão marginalizado e manter o batismo de crianças não nos autoriza a fechar os olhos para seus limites e suas ambigüidades. Não se pode ter medo de "relativizá-lo" nem de considerá-lo um sacramento "incompleto", "na espera de plenitude". Aliás, a própria Igreja, por meio de seus documentos, aponta para essa "incompletude":

> É necessário, contudo, para completar a conscientização (no original latino veritatem, que significa verdade) do sacramento, que as crianças sejam depois instruídas na fé que foram batizadas: fundamento disso será o próprio sacramento, antes recebido. A instrução cristã, que por direito lhes é devida, nada mais visa senão levá-las paulatinamente a aprender da Igreja o plano de Deus em Cristo, para que elas finalmente tomem consciência da fé em que foram batizadas e a abracem pessoalmente (RBC 3).[12]

O catecumenato pós-batismal e a instrução cristã, devidos por direito à pessoa batizada ainda criança, e previstos pelo Concílio, pelo *Catecismo* e pelo *Ritual*, constituem, para muitos teólogos e pastoralistas, a saída diante dos desafios postos à pastoral do batismo pela sociedade descristianizada e em parte pós-cristã em que hoje se vive e pela consciência sempre mais viva do direito de todo ser humano à liberdade religiosa. O batismo de criança seria uma violação pura e simples à liberdade religiosa, se não fosse previsto um catecumenato pós-batismal, possibilitando a livre e pessoal adesão à fé daquele que fora batizado na fé da Igreja. De fato,

> os homens todos devem ser imunes de coação, tanto por parte de pessoas particulares quanto de grupos sociais e de qualquer poder humano, de tal sorte que em assuntos religiosos ninguém seja obrigado a agir contra a própria consciência, pois a verdade não se impõe senão por força da própria verdade que penetra de forma suave e ao mesmo tempo forte na mente (DH 2/1536 e 1/1535).

O batismo, portanto, exige, por razão teológica, a fé, seja como antecipação para os adultos, seja como complementação para as crianças. Por isso, o batismo de criança, cada vez mais, deve ser considerado, não como rito acabado e completo, mas, como afirma Schoonenberg,

> um sacramento em estado incoativo: o sacramento inicial, que se situa no início de tudo. Por isso, a educação cristã — com a catequese e os outros sacramentos, particularmente a confirmação — pertence essencialmente ao batismo de crianças. Do contrário, o batismo de crianças é incompleto, também como sacramento. Se tudo isso não for garantido, o batismo de crianças é um abuso e não tem sentido.[13]

---

[12] Vejam-se, além disso, UR 22/823 e CIC 1231 e 1306.

[13] Schoonenberg, P. Theologische Fragen zur Kindertaufe. In: Kasper, W. (org.). *Christsein ohne Entscheidung, oder Soll die Kirche Kinder taufen?* Mainz, M.Grünewald, 1970. pp. 108-128.

3.2. Segundo momento: crisma

Embora a teologia tenha sempre considerado um sacramento de iniciação, na prática, a partir do século V, à medida que se multiplicaram as comunidades rurais e generalizou-se o batismo de crianças, celebrado por presbíteros e diáconos, a crisma se dissociou completamente dos ritos iniciáticos e passou a ser celebrada, indiferentemente em qualquer idade, na infância, na adolescência, ou na idade madura, por ocasião das visitas pastorais.

Além da prática pastoral, a reflexão teológica também caminhou na direção de uma separação entre os sacramentos da iniciação cristã.

No início, quando batismo, crisma e eucaristia formavam um mesmo ato sacramental, o banho nas águas batismais simbolizava mais o perdão dos pecados, a morte do "homem velho" e a filiação divina, enquanto a unção com o óleo do crisma e a imposição das mãos significavam mais o dom do Espírito Santo. No século V surgiu a questão da validade do batismo dos hereges e cismáticos. Começou-se então a dizer que o Espírito Santo já se fazia presente no banho batismal. Nesse novo contexto, a unção com o crisma e a imposição das mãos passam a ter novo significado: revestir-se da armadura de Deus e fortalecer-se para o combate e para a defesa da fé por palavras e atos.

O tempo passou e a distinção foi sempre mais se acentuando, a ponto de se ter uma visão fragmentada dos três sacramentos, muito bem caracterizada pela inversão da ordem de celebração. Hoje, no dizer de Borobio, a crisma é *um sacramento errante em busca de identidade.*[14]

O Concílio Vaticano II, ao determinar a revisão do rito da confirmação, prescreveu a volta à sua origem, ou seja, à sua íntima conexão com toda a iniciação cristã (SC 71/635). A unidade dos sacramentos de iniciação, porém, só é possível dentro de um contexto de evangelização e de catecumenato. Por isso o *Ritual da confirmação,* depois de afirmar que *os batizados prosseguem o caminho de sua iniciação cristã por meio do sacramento da confirmação* (RC 1), permite fixar uma idade mais madura para sua celebração, e determina que *os adultos batizados na infância recebam a confirmação e a eucaristia numa celebração comum, depois de convenientemente preparados* (RC 11), mediante uma adequada adaptação do programa previsto para os catecúmenos (RC 3), ou como se expressa o *Diretório geral para a catequese, sem reproduzir mimeticamente a configuração do catecumenato batismal, deixando-se, apenas, fecundar pelos seus principais elementos caracterizadores* (DGC 91). Dentro desse mesmo espírito o *Ritual da iniciação cristã de adultos* prevê uma preparação, espé-

---

[14] BOROBIO, D. *Bautismo de niños y confirmación;* problemas teológico-pastorales. Madrid, Fundación Santa Maria, 1987. p. 61.

cie de catecumenato, *para a confirmação e a eucaristia de adultos*[15] *que, batizados na infância, não receberam a devida catequese.* O ritual precisa que, *como para os catecúmenos, a preparação desses adultos requer um tempo prolongado, no qual a fé infusa no batismo deve crescer, chegar à maturidade e enraizar-se profundamente mediante a formação pastoral que lhes é dada* (RICA 296). Indo a detalhes, o ritual determina que o *currículo da catequese deve corresponder, de ordinário, ao dos catecúmenos* (RICA 297). Também neste *quase catecumenato* (CT 44) os que estão sendo iniciados devem ser ajudados pela caridade fraterna e pela oração da comunidade dos fiéis, a qual deve testemunhar a idoneidade deles *quando se tratar de admiti-los aos sacramentos* (RICA 298). Como no catecumenato, *o tempo de preparação é santificado por atos litúrgicos, sendo o primeiro o rito pelo qual os adultos são recebidos na comunidade e tomam consciência de ser seus membros por já possuírem o caráter batismal* (RICA 300). Além da participação nas assembléias dos fiéis, estes *quase catecúmenos* são convidados a participar das celebrações que *se destinam especialmente aos catecúmenos* (RICA 301). *Para significar a ação de Deus nesse processo de preparação, podem ser utilizados alguns ritos do catecumenato que correspondam à situação e ao bem espiritual desses adultos, como as entregas do Símbolo, da Oração do Senhor ou também dos evangelhos* (RICA 302). *Os adultos complementarão sua formação cristã e integração na comunidade vivendo com os recém-batizados o tempo da mistagogia* (RICA 305).

3.3. Terceiro momento: eucaristia[16]

O ensinamento oficial da Igreja por meio de seus documentos é explícito:

> *Nos ritos orientais a iniciação cristã das crianças começa no batismo, seguido imediatamente pela confirmação e eucaristia, ao passo que no rito romano ela prossegue durante anos de catequese, para terminar mais tarde com a confirmação e a eucaristia, ápice de sua iniciação cristã* (CIC 1233).

A eucaristia, portanto, conclui a iniciação cristã (CIC 1322; RC 13), *pois os fiéis, uma vez assinalados pelo santo batismo e confirmação, acabam*

---

[15] O *Código de Direito Canônico* divide as pessoas em três categorias, em razão da idade: *infantes*, de 0 a 7 anos; *menores* de idade, entre os 7 anos completos e os 18; *maiores* de idade, a partir dos 18 anos completos. No entanto, para diversas circunstâncias o *Código* estabelece outras idades. Por exemplo: Estão obrigados à abstinência de carne quem tiver 14 anos completos. Podem ser padrinho ou madrinha de batismo e crisma somente os que tiverem 16 anos completos. Pode casar-se somente quem tiver 16 anos completos, se for homem, e 14 anos completos, se for mulher. *No caso do catecumenato, seria razoável seguir as orientações relativas ao matrimônio e aos padrinhos e madrinhas.*

[16] A eucaristia, expressão sacramental máxima da vida cristã, é um sacramento que acompanha o cristão durante toda a sua vida, até mesmo no momento da partida para a eternidade sob forma de viático. Por isso, será estudado em outro capítulo. Aqui vamos considerá-lo apenas como sacramento da iniciação.

por inserir-se plenamente pela recepção da eucaristia no Corpo de Cristo (PO 5/1151). No entanto, nem sempre foi assim. Embora nunca tenha perdido um certo caráter iniciático, a eucaristia, com o tempo, não só deixou de ser o ápice da iniciação cristã, mas perdeu sua relação com o batismo e com a crisma, tornando-se uma celebração autônoma, com um ritual solene, principalmente a partir da introdução da "festa da primeira comunhão" na França em fins do século XVI e início do XVII.

Em relação à crisma, a separação aconteceu já no fim do século V e começo do século VI, quando as pessoas passaram a ser crismadas somente por ocasião das visitas pastorais. Em relação ao batismo, o divórcio aconteceu mais tarde. Ainda por volta do século XII, como atesta o Pontifical Romano, costumava-se dar a eucaristia para os recém-batizados:

> *Se o bispo não está presente, recebam a comunhão das mãos do presbítero. As crianças que não podem comer nem beber comunguem por meio de uma folha ou de um dedo molhado no sangue do Senhor, que se porá na boca da criança em forma de chupeta, enquanto o presbítero diz: "O corpo com o sangue de Nosso Senhor Jesus Cristo te guarde para a vida eterna. Amém". Se forem já mais crescidos, comunguem como de costume.*[17]

No início do século XIII, um sínodo celebrado em Paris proibiu os padres de dar hóstia às crianças, até mesmo as partículas não consagradas.[18] Com a prescrição de todo fiel participar da comunhão eucarística, ao menos por ocasião da Páscoa, a partir da idade da razão, o IV concílio de Latrão, em 1215, selou definitivamente a separação em toda a Igreja.

Como já foi dito, a festa da primeira comunhão sempre teve um caráter de iniciação. A partir dessa data o menino ou a menina passavam a comer à mesa com os adultos, servindo-se eles mesmos da comida. Podiam também viajar para visitar parentes ou conhecer outros lugares. Os meninos começavam, a partir da primeira comunhão, a usar calças compridas, e as meninas podiam fazer arranjos em seus cabelos e iniciar seus enxovais. Conforme registra Émile Zola, depois da primeira comunhão as meninas eram consideradas mulheres. Deviam, a partir de então, *saber cozinhar, remendar as meias, dirigir uma casa*. Os meninos, conforme expressão de Jean Douillet, antes da primeira comunhão, *eram sustentados pela família, depois, deviam ganhar o próprio pão*.

Em certos lugares da França, as crianças, antes de receber a comunhão, deviam passar por cima de uma toalha usada nos funerais, lembrando que,

---

[17] ANDRIEU, M. *Pontifical Romano* I, 29. Citado por BOROBIO, D. *La iniciación cristiana*; bautismo, educación familiar, primera eucaristía, catecumenado, confirmación, comunidad cristiana. Salamanca, Sígueme, 1996. p. 580.

[18] PONTAL, O. *Les statuts de Paris et le synodal de l'Ouest.* Paris, 1971. pp. 87 e 151, citado por LEMAITRE, N. Avant la communion solennelle. In: DELUMEAU, J. (org.). *La première communion*; quatre siècles d'histoire. Paris, Desclée Brouwer, 1987. p. 21.

a partir da primeira comunhão, elas morriam para o que passara e nasciam para uma outra fase da vida.[19]

Apesar de tamanha carga iniciática, a "festa de primeira comunhão" do jeito que é celebrada tem mais a ver com um solene ato devocional, com muito espaço para o luxo, a ostentação e a banalidade, e menos com o verdadeiro sentido da iniciação cristã.

Para superar esta situação, os bispos do Brasil propõem uma preparação em que *a preocupação doutrinal ceda o primeiro lugar à autêntica iniciação*, pois *a iniciação não se verifica pelo grau de conhecimentos doutrinários*, mas pela *introdução na vida comunitária, de fraternidade cristã e de participação na missão eclesial.*[20] A primeira eucaristia, mais que *receber pela primeira vez a comunhão, ou o Corpo de Cristo*, significa participar em plenitude da comunidade cristã. *Os fiéis, uma vez assinalados pelo santo batismo e confirmação, acabam por inserir-se plenamente pela recepção da eucaristia no Corpo de Cristo* (PO 5/1151). *Participando do Corpo e Sangue de Cristo, somos reunidos num só corpo* (Oração eucarística II).

Para atingir esse objetivo, o *Diretório das missas com crianças* lembra a necessidade de uma preparação em que as crianças aprendam não só

> *as verdades de fé sobre a eucaristia, mas também [o modo] como poderão nela participar ativamente com o povo de Deus, plenamente inseridas no Corpo de Cristo, tomando parte na mesa do Senhor e na comunidade dos irmãos, depois de serem preparadas pela penitência de acordo com a sua capacidade* (DMC 12).

O *Diretório*, portanto, não preconiza uma "catequese para a primeira comunhão", mas descreve um processo de inserção na vida de fé. Sem usar a Palavra, o *Diretório* faz alusão a um catecumenato que, se for levado a sério, nos moldes do rito de iniciação das crianças em idade escolar (RICA 306-369), com certeza permitirá que se chegue à compreensão de que não se trata de "fazer a primeira comunhão", mas de "participar pela primeira vez da eucaristia", ou seja, trata-se de fazer comunhão e de manifestar o Corpo de Cristo que é a Igreja.

4. RITUAL DA INICIAÇÃO CRISTÃ DE ADULTOS E SUA APLICAÇÃO PASTORAL

Aumenta cada vez mais o número de pessoas adultas que pedem o batismo. Em 172 dioceses do Brasil, no ano de 1999, foram batizados 14.500 adultos. No entanto, no Brasil existem 260 dioceses e prelazias. Por isso,

---

[19] MELLOT, J. Rite de passage et fête familiale. Rapprochements. In: DELUMEAU, J. (org.). *La première communion*; quatre siècle d'histoire. Paris, Desclée de Brouwer, 1987. pp. 171-196.

[20] CNBB, *Pastoral dos sacramentos da iniciação cristã* (doc. da CNBB 2a), pp. 100-106.

pode-se imaginar que, naquele ano, muito mais adultos foram batizados. A pesquisa não consegue constatar se esses novos cristãos passaram por um catecumenato, conforme está previsto no *Ritual da iniciação cristã de adultos*. As paróquias não estão aptas a responder às exigências catecumenais. O *Ritual*, apesar de já ter tido cinco edições, quatro até 1975 e uma recentemente, em 2001, parece continuar desconhecido pelos catequistas e demais agentes de pastoral. Na celebração do batismo segue-se, quase sempre, o rito simplificado para iniciação de adultos, e, algumas vezes, o rito para o batismo de crianças. Trata-se apenas de pôr em dia a situação sacramental das pessoas e de introduzi-las num cristianismo meramente sociológico.

Em outubro de 2001, a dimensão bíblico-catequética da CNBB realizou a segunda semana brasileira de catequese. Nessa semana, que teve a *catequese com adultos* como tema, foi lembrado com muita insistência que o cristianismo é uma realidade iniciática e que o catecumenato é o modelo de toda catequese, mas de modo especial modelo da catequese com adultos. Espera-se que a partir desta segunda semana brasileira de catequese o catecumenato seja implantado em todo o Brasil, e os adultos que pedirem o batismo, antes de receberem os sacramentos, sejam realmente iniciados, segundo o que estabelece o *Ritual da iniciação cristã de adultos.*

Tratando-se de um itinerário de formação, o *Ritual* prevê que no processo de iniciação se distingam três etapas e quatro tempos.

As etapas são como que *passos ou portas, momentos fortes ou mais densos da iniciação. Essas etapas são marcadas por três ritos litúrgicos: a primeira, pelo rito de instituição dos catecúmenos; a segunda, pela eleição; e a terceira, pela celebração dos sacramentos* (RICA 6).

Os tempos caracterizam-se pela preocupação de informar-se e de informar, e pela busca de amadurecimento. O primeiro tempo chama-se "précatecumenato". Nesse período a Igreja procura informar-se sobre o candidato e anuncia-lhe o Deus vivo e Jesus Cristo, enviado por ele para a salvação de todos (RICA 9-13). O segundo tempo, chamado "catecumenato", é dedicado à catequese e seus ritos. Pode durar vários anos. Tudo depende, além da graça de Deus, das *diversas circunstâncias, isto é, do plano do próprio catecumenato, do número de catequistas, da colaboração de cada catecúmeno e da ajuda da comunidade local.* Nesse período, os catecúmenos recebem uma formação bem aprofundada e exercitam-se, por meio da prática, na vida cristã. Espera-se que, com isso, eles amadureçam progressivamente na sua conversão e fé (RICA 14-20). O terceiro tempo é o da "purificação e iluminação". É um tempo muito breve, mas de intensa preparação espiritual. Normalmente coincide com a quaresma. Nesse tempo se procura purificar o coração e espírito pelo exame de consciência e pela penitência. Encerra-se esse tempo com a celebração dos sacramentos de iniciação (RICA 21-26). O último tempo, que dura todo o período pascal, chama-se "mistagogia". É o tempo consagrado à aquisição de experiências e conhecimentos mais profundos do mistério pascal, bem como ao estreitamento das relações com a comunidade dos fiéis (RICA 37-40).

Durante o catecumenato realizam-se diversas celebrações, as quais se distinguem em celebrações de passagem de uma etapa para outra e celebrações próprias de cada tempo. As celebrações de entrada no catecumenato, de eleição ou de inscrição do nome e a dos sacramentos de iniciação são muito importantes, pois assinalam a passagem de uma etapa para outra.

Durante o pré-catecumenato, pode-se fazer a celebração de acolhida dos "simpatizantes". Nesse período, é possível também, se for para o bem espiritual dos "simpatizantes", fazer a celebração dos exorcismos menores.

No período do catecumenato, as catequeses são acompanhadas por celebrações da Palavra, pelos exorcismos menores e por bênçãos. Ainda durante o catecumenato já se podem fazer o rito da unção com o óleo dos catecúmenos e a entrega do Símbolo e da Oração do Senhor. O rito da unção pode ser repetido diversas vezes. É bom também que durante o catecumenato seja facultada aos catecúmenos "a participação gradativa na primeira parte da missa dominical".

No tempo da purificação e iluminação celebram-se os escrutínios com os exorcismos e se fazem os ritos de preparação imediata: rito do "éfeta", da escolha do nome cristão e mais uma vez, se for oportuno, o rito da unção com o óleo dos catecúmenos. A celebração do batismo, da crisma e da eucaristia realiza-se durante a vigília pascal.

Durante o tempo da mistagogia, os neófitos são convidados a participar das celebrações eucarísticas dominicais nas quais serão citados durante a homilia e lembrados na oração dos fiéis. *Para encerrar o tempo da mistagogia, realize-se uma celebração ao terminar o tempo pascal, nas proximidades do domingo de Pentecostes, também com festividades externas* (RICA 237).

Como se pode ver, o *Ritual da iniciação cristã de adultos*, se bem usado, vai exigir dos agentes de pastoral, bispos, padres, catequistas e demais lideranças, uma visão de Igreja que saiba reconhecer carismas e ministérios. O processo de iniciação requer catequistas capazes de transmitir a experiência de fé, que saibam se comunicar com a linguagem dos símbolos e que, mediante os ritos, passem a convicção de que a fé é dom que vem do alto e não fruto de doutrinação. O catecumenato supõe também a presença de padrinhos com o carisma da acolhida, da escuta e da direção espiritual. O *Ritual da iniciação cristã de adultos* supõe, enfim, comunidades cristãs dinâmicas e comprometidas. Isso só será possível caso se faça uma opção clara e decidida pelas pequenas comunidades.

Resumindo

A fé cristã não é um fato natural que se adquire automaticamente ou por herança. Por isso, desde os tempos dos apóstolos, tornar-se cristão, além de ser graça de Deus, significa uma decisão pessoal, madura e conscientemente assumida, ao longo de um extenso processo de iniciação, chamado catecumenato. Com a prática generalizada do batismo de crianças, no entanto, a iniciação foi eclipsada e o catecumenato caiu em desuso. A preocupação de muitos pastores, diante da descristianização e secularização de países tradicionalmente católicos, ecoou na Aula do Concílio Vaticano II, que restaurou o catecumenato.

A iniciação caracterizada por sua intenção globalizante e holística parece não ter espaço na sociedade de hoje, profundamente marcada pela fragmentação e relativização dos valores. Uma reflexão mais profunda, porém, permite concluir que, embora sob novas formas, a iniciação continua povoando nosso imaginário e marcando presença em nossa sociedade e em nossa cultura.

Apesar de já ter sido publicado há mais de trinta anos, o Ritual da iniciação cristã de adultos *tem tido pouca aplicação. Ele supõe comunidades cristãs dinâmicas e comprometidas. Supõe também uma eclesiologia que reconheça o valor dos carismas e dos ministérios. Isso só será possível quando se fizer uma opção clara e decidida pelas pequenas comunidades.*

Para pensar, trocar idéias e experiências

1. Tente observar o sentido e os modos de iniciação que existem na sua realidade. Aparecem na realidade observada os sentidos presentes no texto? De que forma?

2. Como as pessoas entendem e celebram os sacramentos de iniciação? Por que elas procuram esses sacramentos mais que os outros?

3. Quais os desafios pastorais que vemos emergir a partir dessa reflexão?

Bibliografia complementar

a) Textos oficiais

CIC: *Os sacramentos da iniciação cristã* (1212-1419).

Ritual da iniciação cristã de adultos (RICA).

Ritual do batismo de crianças.

Ritual da confirmação.

b) Outros

BOROBIO, D. A Confirmação, momento sacramental da iniciação cristã. In: AA.VV. *Os sacramentos hoje*; teologia e pastoral. São Paulo, Loyola, 1985. pp. 64-94.

_____. Pastoral da confirmação: confirmação e iniciação cristã. In: _____. *Pastoral dos sacramentos.* Petrópolis, Vozes, 2000. pp. 142-166.

_____. Família e iniciação cristã. In: _____. *Sacramentos e família.* Lisboa, São Paulo, 1994. pp. 63-101.

_____. O religioso na adolescência e a confirmação. In: _____. *Sacramentos e família.* Lisboa, São Paulo, 1994. pp. 103-143.

_____. *La iniciación cristiana*; bautismo, educación familiar, primera eucaristia, catecumenado, confirmación, comunidad cristiana. Salamanca, Sígueme, 1996.

CODINA, V. & IRARRAZAVAL, D. *Sacramentos de iniciação*; água e espírito de liberdade. Petrópolis, Vozes, 1988.

ELIADE, M. A iniciação e o mundo moderno. In: _____. *Origens*; história e sentido na religião. Lisboa, Ed. 70, 1989. pp 137-152.

FLORISTÁN, C. *Catecumenato*; história e pastoral da iniciação. Petrópolis, Vozes, 1995.

TABORDA, F. *Nas fontes da vida cristã*; uma teologia do batismo-crisma. São Paulo, Loyola, 2001.

TENA, P. & BOROBIO, D. Sacramentos de iniciação cristã: batismo e confirmação. In: BOROBIO, D. (org.). *A celebração na Igreja*. São Paulo, Loyola, 1993. v. 2 (Sacramentos), pp. 23-141.

Capítulo segundo

O SACRAMENTO DA EUCARISTIA, RAIZ E CENTRO DA COMUNIDADE CRISTÃ

Ione Buyst

Diferente do sacramento do batismo e da crisma, a eucaristia não é apenas um sacramento de iniciação: É ação sacramental celebrada a cada domingo (e em outros momentos significativos), sendo raiz e centro da comunidade cristã. Nela está como que condensada, em palavras e gestos rituais, toda a nossa fé; nela encontramos a referência para nosso agir.

O próprio são Paulo nos adverte que não podemos celebrar e interpretar esse sacramento de qualquer maneira; é uma herança que Cristo nos deixou, um "testamento": *Eu transmiti a vocês o que eu mesmo recebi do Senhor* (1Cor 11,17-34). Por isso, é preciso voltar sempre aos textos bíblicos que falam da última ceia, compreendê-la no contexto da vida e da missão de Jesus, a fim de termos elementos para julgar nossas atuais prática, teologia e espiritualidade eucarísticas.[1] O Concílio Vaticano II já fez esse trabalho. Aqui e acolá, porém, essa renovação conciliar não está sendo respeitada. Muita gente parece não ter assimilado o ensinamento do concílio. Afinal, qual é o sentido que tem para nós a eucaristia? Qual é a teologia eucarística que forma a base de nossa espiritualidade e de nossa prática celebrativa?

Palavras-chave (algumas das quais já trabalhadas no volume I): memória (memorial), mistério pascal, ação de graças, epíclese, oblação (sacrifício), fração do pão, comunhão/participação.

---

[1] Na medida do possível, devemos recorrer também a textos patrísticos e estudos históricos sobre o desenvolvimento da liturgia e da teologia eucarísticas. Releiam os capítulos segundo, terceiro e quarto de LBT-9, e vejam o desenvolvimento da missa ao longo da história. Para a sacramentalidade da eucaristia, releiam LBT-9, capítulo sétimo: "Façam isto... Sacramentalidade da liturgia".

1. UMA TEOLOGIA EUCARÍSTICA QUE PARTE DA AÇÃO RITUAL EUCARÍSTICA

Os sacramentos são antes de tudo ações rituais; todavia, como tais vêm acompanhados de sua interpretação, sua compreensão, sua teologia. Assim, os relatos da última ceia de Jesus no Novo Testamento não só descrevem a ação ritual realizada por ele, mas trazem também "embutidos" elementos teológicos: cada evangelista interpreta aquela ação ritual do modo como sua comunidade compreendeu e transmitiu o sentido daquilo que Jesus fez. Ação ritual e sua compreensão teológica formam uma unidade; uma não existe sem a outra.

Também os Santos Padres estudaram os sacramentos partindo do interior de sua celebração, numa abordagem orante da ação ritual em seu conjunto. Tinham a preocupação de introduzir o povo no mistério que se estava celebrando, partindo das ações rituais e das palavras que as acompanhavam.[2]

A teologia da eucaristia elaborada na Idade Média, no entanto, rompeu esta unidade entre teologia e celebração. Não partiu da celebração eucarística como um todo. Não analisou objetivamente a seqüência e a dinâmica da ação ritual eucarística deixadas pela tradição "fundante", fundamental, de nossa fé. Destacou e analisou algumas partes que lhes pareciam mais importantes (a consagração, a comunhão) e tratou-as em separado, sem apontar a ligação existente entre elas. Tratou a eucaristia com base em "temas", em torno de três eixos: sacramento (a presença real), sacrifício (a relação entre eucaristia e morte de Jesus na cruz) e comunhão (abordagem mais espiritual que teológica). A preocupação principal dessa teologia era tentar "explicar racionalmente" o sacramento da eucaristia. Perdeu-se a preocupação mistagógica (de introduzir na vivência do mistério), característica do período patrístico.

E assim, o que deveria constituir um todo inseparável acabou fragmentado. Além de ter passado para a catequese, para nossa vivência e espiritualidade da eucaristia e para a formação dos futuros ministros, essa fragmentação acabou influenciando até a maneira de celebrar a missa.

O Concílio Vaticano II iniciou uma volta à unidade perdida entre teologia e ação ritual. Assumiu o resultado tanto dos estudos bíblicos e patrísticos sobre a eucaristia, como das pesquisas históricas e lingüísticas das fontes litúrgicas, realizadas principalmente a partir do início do século XX no bojo do Movimento Litúrgico. Traçou, de forma conjugada, uma nova prática e uma nova teologia da eucaristia.

---

[2] Cf. GIRAUDO, *Redescobrindo a eucaristia...*, pp. 9-11.

2. O QUE JESUS FEZ NA ÚLTIMA CEIA E POR QUÊ?[3]

Não sabemos exatamente o que Jesus disse e fez na última ceia. As passagens bíblicas que nos falam desse acontecimento não são relatos jornalísticos e nem são uniformes. Cada passagem (de Paulo, Marcos, Mateus, Lucas, João...) já é o resultado da interpretação feita por uma comunidade. No entanto, sem entrar nos detalhes das diferenças, podemos apontar o essencial que aparece de alguma forma no conjunto dos textos.

Jesus reuniu os discípulos para uma ceia, conversou longamente com eles sobre o Reino de Deus; seguiu o ritual da ceia pascal judaica, que recorda a libertação do povo de Deus da escravidão do Egito; e anunciou a libertação plena no futuro: *Tomou o pão, deu graças, partiu e deu a seus discípulos [...] no fim da ceia tomou o cálice com vinho em suas mãos, deu graças e o deu a seus discípulos [...].* As palavras que acompanharam esses gestos simbólicos de Jesus é que traziam a novidade em relação à ceia judaica: *Tomem e comem, isto é meu corpo que será entregue por vocês [...]. Tomem e bebam todos vocês, isto é o cálice do meu sangue, o sangue da nova e eterna aliança que será derramado por vocês [...]. Façam isto para celebrar a minha memória.*

Como entender essas palavras no contexto da última ceia? Vivendo a experiência de confronto com as autoridades, de perseguição, condenação e morte iminente, *Jesus se viu e leu seu destino de profeta-messias na misteriosa figura do servo do Senhor que sofre e dá a sua vida pela salvação dos irmãos (cf. especialmente Is 53).*[4] Deu graças ao Pai, pela iminência do Reino, no ardente desejo de vê-lo realizado. No gesto simbólico de partir e repartir o pão e de entregar o cálice com vinho, antecipou ritualmente sua morte na cruz, dando-lhe o sentido de entrega voluntária, de "doação", que caracterizou toda a sua vida e que deverá caracterizar a vida de seus seguidores: corpo doado, sangue derramado, símbolos da vida entregue, garantia da nova e eterna aliança de amor e de comunhão indissolúvel entre Deus e a humanidade. O amor incondicional ao Pai e ao povo, seu trabalho incansável e destemido para libertar os pobres de seus males e da opressão imposta pelos líderes políticos e religiosos, ele os viverá até o fim, até a morte de cruz. Realizando a profecia do Cordeiro pascal, será morto, mas sua morte beneficiará seus irmãos. E ele mesmo vencerá a morte, passando por ela: será glorificado pelo Pai e receberá o nome que está acima de todo nome: *Kyrios*! Senhor! O amor é mais forte que a morte. Por isso, o livro do Apocalipse apresenta o Cordeiro pascal como imolado, sim, mas de pé, isto é, vivo e vencedor.

---

[3] Vejam principalmente 1Cor 10,16-18; 1Cor 11,17-32; Mt 26,17-19.26-29; Mc 14,12-16.22-25; Lc 22,7-20, estudados em detalhe em LÉON-DUFOUR, *O partir do pão eucarístico segundo o Novo Testamento...*

[4] VISENTIN, Eucaristia..., In: *Dicionário de liturgia*, p. 396.

3. O QUE JESUS NOS MANDOU FAZER E POR QUÊ?

A tradição nos ensina que Jesus confiou à comunidade dos discípulos o mandamento da ceia: *Façam sempre isto em minha memória.* Confiou não somente as ações a serem realizadas (*Façam isto...*), como também seu sentido, sua compreensão teológica fundamental (*em minha memória*).

3.1. Quais são estas ações?

Para sermos fiéis ao mandamento do Senhor, devemos fazer o que Jesus fez (e não outras coisas!). Os vários momentos listados a seguir formam uma única "ação eucarística", na qual cada momento está dinamicamente interligado com os demais.[5]

- Reunir a comunidade, ouvir e interpretar as leituras bíblicas, dirigir a Deus súplicas para que venha seu Reino anunciado nas leituras.

- Reunidos ao redor da mesa do Senhor, trazer o pão e o vinho, que simbolizam toda a nossa vida e a vida do mundo (com suas alegrias e esperanças, tristezas e angústias, acertos e desacertos, avanços e retrocessos), e entregar nas mãos do Pai, juntamente com a vida de Cristo, durante a oração eucarística.

- Proclamar a bênção da mesa, a oração eucarística: *por Cristo, com Cristo e em Cristo*; oferecer ao Pai, com os sinais do pão e do vinho, o "sacrifício de louvor", dando graças pela salvação que ele realizou na morte-ressurreição do Senhor (anunciada na última ceia pelo próprio Jesus); e invocar o Espírito Santo para que o mistério da Páscoa de Jesus se realize hoje entre nós, na celebração e na vida.

- Partir o pão e dar um pedaço a todos os participantes; passar também o cálice para que todos bebam (ou molhem o pão no vinho). Comendo desse pão, bebendo desse vinho, somos associados ao mistério pascal de Cristo, incorporados nele, de modo que toda a nossa vida possa ser vivida como uma grande transformação pascal, um caminho de seguimento de Jesus, rumo à plena comunhão com o Pai.

- Voltar às nossas atividades no "mundo", na sociedade, como testemunhas do Ressuscitado, profetas do Reino de Deus.

Também no relato do encontro do Ressuscitado com os discípulos de Emaús (cf. Lc 24,13-35) reconhecemos essa mesma estrutura dinâmica. O Ressuscitado vem ao encontro dos seus, caminhando com eles; a partir dos relatos feitos pelos discípulos, anuncia-lhes o sentido de sua morte-ressurreição; em seguida, celebra com eles a fração do pão; cheios de ardor, os discípulos voltam a Jerusalém para anunciar o acontecido.

---

[5] Reconhecemos nesta seqüência as várias partes da missa: ritos iniciais, liturgia da Palavra, liturgia eucarística e ritos finais.

3.2. Qual é o sentido teológico fundamental subjacente à ação eucarística?

A aclamação memorial, introduzida durante a renovação conciliar, não deixa dúvidas: *Eis o mistério da fé! Anunciamos, Senhor, a vossa morte e proclamamos a vossa ressurreição. Vinde, Senhor Jesus!* A eucaristia é uma ação ritual, simbólico-sacramental, ação de Cristo Ressuscitado na força do Espírito Santo, atualização memorial de sua entrega e de sua glorificação, fazendo de nós participantes de seu mistério pascal e de sua comunhão com o Pai, na expectativa da plena realização do Reino de Deus. É uma ação profética que aponta o rumo por onde o mundo encontrará a paz, a felicidade, a unidade. Implica nosso compromisso na construção de uma sociedade sem fome, sem guerras, sem discriminações, buscando caminhos de solidariedade, respeito e compreensão mútua, partilha de bens.

O ato de comer o pão e beber o vinho envolve o compromisso de viver de acordo com o mistério pascal que acabamos de proclamar na oração eucarística. Não é uma ação individualista, mas sim comunitária, eclesial; nossa comunhão com Cristo é inseparavelmente também comunhão na comunidade. Todos bebem do único cálice de salvação, cálice de bênção; um único pão é partido e repartido entre todos para que formem um só corpo em Cristo, pelo poder do Espírito Santo, que faz com que se amem uns aos outros, como Jesus os amou. Assim, a Igreja, a comunidade eclesial, nasce e cresce na ceia do Senhor, sacramento pascal, sacramento da unidade, anúncio profético da comunhão universal, quando Deus será tudo em todos (cf. 1Cor 15,28).

A seguir, aprofundemos cada um desses elementos, apontando, quase que de forma esquemática, seis mudanças significativas introduzidas na "maneira de celebrar" a missa que geraram uma mudança significativa na "teologia da eucaristia" do Concílio Vaticano II e que talvez não tenham sido ainda devidamente assimiladas pelo povo cristão. Para cada um desses traços teológicos, implícitos na renovação da liturgia eucarística, esboçaremos uma aproximação da compreensão e da vivência espiritual do sacramento central de nossa fé "no atual contexto social e cultural".

4. MISTÉRIO DE NOSSA FÉ, MISTÉRIO PASCAL

Vamos olhar mais de perto a aclamação memorial: *Anunciamos, Senhor, a vossa morte e proclamamos a vossa ressurreição! Vinde, Senhor Jesus!* (ou outra semelhante, baseada em 1Cor 11,26). Esta aclamação indica o sentido central da ação eucarística: o mistério pascal. Vamos apontar cinco aspectos relacionados: a proclamação da ressurreição, o anúncio da morte do Senhor, a vinda escatológica do Reino, o mistério de nossa fé e a missa dominical como páscoa semanal.

a) *Proclamamos a vossa ressurreição!* É como que um grito de vitória e de esperança: a morte foi vencida pela vida! *Ó morte, onde está tua vitória?* (1Cor 15,54-55). Pela ação memorial, atualizamos ritualmente, tornamos presente simbólico-sacramentalmente e participamos da vitória e do triunfo de Jesus em sua morte. Somos associados à morte-ressurreição de Jesus. Aquilo que aconteceu uma vez por todas na última ceia e na morte de Jesus na cruz acontece hoje para nós, em mistério, toda vez que realizamos, como corpo eclesial, a ação eucarística. Nele, todas as nossas "mortes" são chamadas à transformação pascal. Essa Boa-Nova diz respeito principalmente aos pobres. As dificuldades da vida, os sofrimentos, as lutas por melhores condições são assumidos por Cristo e recebem nele novo sentido, não mais de resignação, mas de superação. É anúncio da possibilidade de mudança pessoal e social. Os cristãos têm uma missão inalienável no cenário atual de neoliberalismo, em que os grandes condenam os pobres à morte e passam a idéia de que lutar é inútil; em que o poder imperialista ataca e elimina povos inteiros; em que a sobrevivência do planeta não é levada a sério. Os novos movimentos sociais, os movimentos ecológicos e pacifistas, apostam na utopia: um novo mundo é possível! O movimento feminista avança em direção à igualdade de direitos e à valorização da contribuição específica das mulheres.

b) *Anunciamos a vossa morte!* O caminho para tal superação não passa pela eliminação ou pela alienação do sofrimento: passa por dentro dele, na esperança de vencer. Não podemos dissociar o Senhor Ressuscitado e Glorioso do Servo Sofredor! É preciso arriscar, denunciar as injustiças, lutar, expor-se, não ter medo de perder a vida, dar o sangue, doar-se, amar até o fim; se for preciso, até o martírio. Sem subserviência e sem trégua; mas sem violência. Aqui cabem os conceitos teológicos tradicionais de: oblação, entrega, doação, sacrifício (não aquele sangrento; não aquele supostamente exigido pelo Pai como pagamento para os pecados, mas o sacrifício espiritual proposto e vivido pelos profetas, assumido por Jesus e pelos mártires de todas as épocas). O amor sempre supõe sair de si, sacrificar o próprio egoísmo para ir ao encontro do outro (e do Outro, que é Deus). Além disso, é preferível morrer do que matar ou rebater a violência com outra violência. *Ninguém tira a minha vida, eu a dou livremente [...]. Isto é meu corpo doado por vós, isto é meu sangue derramado [...] para a salvação do mundo. Ninguém tem maior amor do que aquele que dá a vida pelo irmão [...].* Não é fácil viver isso numa sociedade onde vigora a lei do mais forte, a força das armas, a guerra e os ataques "preventivos", o poder do tráfico de drogas, a violência urbana irracional que não escolhe suas vítimas.

c) *Vinde, Senhor Jesus!* O combate não terminou. Continuará até o fim do mundo. Por isso, a aclamação termina num pedido, numa súplica, para que venha o Senhor e o seu Reino. Assim, a eucaristia é também sacramento do Reino o qual ainda não se realizou plenamente e que ultrapassa toda imaginação e toda expectativa. Não se limita a conquistas sociais, a curas físicas ou psicológicas; a meta é: *Deus tudo em todos* (1Cor 15,28), acima de diferenças de tradições religiosas. É para nós um convite para aprender a reconhecer o Espírito de Deus soprando, atuando nos "outros", nos tão diferentes de nós.

d) *Mistério de nossa fé!* Na época do concílio, foi uma grande novidade usar o termo "mistério pascal" como conceito fundamental para a eucaristia. Muitos padres conciliares estranharam isso, pois até então somente a paixão e morte de Jesus eram consideradas "meritórias" da graça da salvação. E se formos perguntar à maioria dos "participantes" de nossas assembléias eucarísticas a que se referem as palavras *Eis o mistério de nossa fé!*, muitos irão responder que se trata da transformação do pão e do vinho no corpo e sangue de Cristo. Não vão além; não associam a eucaristia com o mistério da Páscoa acontecendo entre nós.

e) *Missa dominical.* Como "Páscoa semanal", "o domingo" é o dia por excelência para a celebração da eucaristia. Em espírito de festa, na alegria da convivência, no desejo ardente de ver o Reino realizado, trazemos em notícias, relatos e símbolos as páscoas acontecidas durante a semana que passou e as associamos à Páscoa de Cristo. Comendo o pão e bebendo o vinho da vida que não morre com a morte, renovamos nossa esperança no futuro que Deus prometeu.

5. AÇÃO DE GRAÇAS AO PAI

A aclamação memorial está no centro da eucaristia, mais especificamente no centro da oração eucarística. Pouca gente tem consciência de que "eucaristia" quer dizer "ação de graças". E menos gente ainda sabe localizar essa ação de graças na seqüência das partes da missa. Costumam dar graças após a comunhão. Não se dão conta (e ninguém passou essa informação) de que cada parte da missa corresponde a uma ação de Jesus na última ceia: *Jesus tomou o pão, deu graças, partiu e deu a seus discípulos, dizendo [...]*. A ação de graças precede e é condição para a fração do pão e a comunhão; fazer eucaristia é antes de tudo agradecer. No diálogo inicial dessa ação de graças, aquele que preside convida a comunidade com um solene *Demos graças ao Senhor, nosso Deus!*; para muitos, a resposta *É nosso dever e nossa salvação* tornou-se puro formalismo.

No entanto, fazer eucaristia é antes de tudo transbordar de alegria no Espírito Santo e agradecer ao Pai (cf. Lc 10,21-22) porque *por Cristo, nosso Senhor*, por sua vida, morte, ressurreição, gloriosa ascensão, por seu mistério pascal, abriu para nós esperança de vida. Fazer eucaristia é elevar ao Pai a prece eucarística, a bênção da mesa, que culmina com a grande elevação do pão e do vinho, num gesto de oferta de louvor: *Por Cristo, com Cristo e em Cristo, a vós, Deus Pai, Todo-poderoso, na unidade do Espírito Santo, toda a honra e toda a glória, agora e para sempre. Amém!* Não se trata, portanto, de um "obrigado" corriqueiro. A ação de graças é uma profissão de fé, uma confissão: reconhecemos e proclamamos que Deus é fiel, apesar de nossa infidelidade; não obstante nossa indiferença, não deixou de enviar-nos seu Filho, como um de nós, para resgatar-nos, acolher-nos sempre de novo, em sua ternura e misericórdia.

Conforme a tradição mais antiga dos Santos Padres (Justino, Irineu), o modelo da prece eucarística vem do próprio Senhor Jesus. Os gestos vêm da ceia judaica, mas a prece eucarística é *palavra que vem de Jesus* (cf. Justino, I *Apol.* 66,2). É o elemento "celeste", "divino", que se junta ao elemento terreno (pão e vinho) para formar o sacramento:[6]

> *O pão que vem da terra, depois de ter recebido a invocação de Deus, não é mais pão comum, mas eucaristia, constituída de duas coisas, uma terrena [o pão] e a outra celeste [a palavra de oração, ou seja, a bênção da mesa, a oração eucarística]* (Irineu, Contra as heresias, IV, 18,5).

Mais tarde, Agostinho dirá: *Retire a palavra [as orações sagradas, a oração eucarística] e temos pão e vinho; acrescente a palavra e teremos o sacramento [o Corpo de Cristo, o Sangue de Cristo]* (Sermo Denis 6,3).

Eucaristia supõe gratuidade e gratidão. Deus dá de graça: a vida, seu Filho, seu Espírito, nossa filiação divina, nossa comunhão de vida com ele, a promessa do Reino; e reconhecemos que é ele que nos dá tudo isso e ficamos repletos de gratidão, e expressamos isso, com alegria, em atitude de adoração, como povo santo e escolhido para proclamar a bondade e a grandeza do Senhor (cf. 1Pd 2,9-10). *Sim, ó Pai, é nosso dever e nossa salvação, é um prazer dar-vos graças, de todo coração!*

Quem agradece sai de sua auto-suficiência. Quem agradece a Deus professa a existência dele; reconhece nele a referência fundamental, a fonte da vida, do amor, da felicidade, da convivência humana, da história. Celebrar a eucaristia, ou seja, viver em ação de graças, é um desafio, uma vocação e uma missão. Essa celebração aponta caminhos, chama a atenção para a transcendência, abre horizontes numa cultura de auto-suficiência, de lucro e de competição, de fechamento do ser humano sobre si mesmo. Proclama que Deus é a origem e o destino de tudo e de todos.

---

[6] Mazza, *L'action eucharistique...*, pp. 128-132.

6. INVOCANDO A AÇÃO DO ESPÍRITO SANTO (EPICLESE)

Com a reforma litúrgica do Concílio Vaticano II foram introduzidas duas epicleses na oração eucarística, duas invocações dirigidas a Deus-Pai, suplicando o envio do Espírito Santo: 1) sobre o pão e o vinho; 2) sobre a comunidade reunida. Pedimos que o Espírito Santo transforme o pão e o vinho no Corpo e Sangue de Cristo e pedimos igualmente que, participando do Corpo e Sangue de Cristo, a comunidade seja por ele reunida num só corpo, o Corpo de Cristo.

Há, nessa introdução das epicleses na oração eucarística, três afirmações teológicas implícitas:

a) A Igreja não existe sem o Espírito Santo e não pode fazer nada sem a intervenção dele. Nas Igrejas tanto do Oriente quanto do Ocidente, reconhece-se a dimensão consecratória da epiclese.[7]

b) Há uma relação intrínseca entre, de um lado, o pão e o vinho feitos Corpo e Sangue de Cristo e, do outro, a comunidade eclesial como Corpo de Cristo. O pão e o vinho têm destino comunitário; são consagrados para ser partilhados e consumidos pela comunidade, para recriar e reforçar constantemente os laços de comunhão entre seus membros, para ser "um só corpo"; foram dados a nós para sermos Igreja, na qualidade de Corpo de Cristo presente e atuante no mundo.

c) Todas as realidades da natureza (as energias cósmicas, a terra, o ar, a água, o fogo etc.) e da cultura (as atividades e produção humanas), simbolizadas no pão e no vinho, são chamadas a fazer parte do mundo renovado, recriado na ressurreição de Cristo pelo poder do Espírito Santo. São trazidas por nós na procissão das oferendas; são transformadas, durante a oração eucarística, no Corpo e Sangue de Cristo como sinais sacramentais da entrega do Senhor, sinais de sua morte-ressurreição; são repartidas e consumidas na fração do pão e na comunhão fraterna. Apontam para o destino final de toda a realidade criada. Convidam à adoração, ao cuidado da natureza, à dedicação ao estudo e ao trabalho, ajudando para que também a criação e a cultura realizem sua vocação de participação na vida divina (cf. Rm 8,18-25).

---

[7] Ou seja, não basta proclamar as palavras da consagração, que, aliás, faltam em algumas das mais antigas e tradicionais orações eucarísticas, como a de Addai e Mari. A comunidade precisa invocar, "pedir" ao Pai que derrame o Espírito Santo para que este último transforme o pão e o vinho, e também a comunidade que deles se alimenta, em Corpo e Sangue de Cristo.

7. FRAÇÃO DO PÃO E COMUNHÃO COM PÃO E VINHO

Outros dois gestos restaurados são a fração do pão[8] e a comunhão no pão e no vinho. A fração do pão é gesto constitutivo da eucaristia, deixado por Jesus; por si só, o nome "fração do pão" designava a eucaristia nas comunidades primitivas (cf. At 2,46; 20,7). Podemos perceber dois significados teológicos:

a) O gesto exige que se use pão que possa ser partido e repartido entre todos; dessa forma é manifestado o sentido comunitário, eclesial, da eucaristia: não recebemos cada um(a) um pão inteiro, mas um *pedaço* do pão *fragmentado*, para *juntos* formarmos um só Corpo em Cristo (cf. 1Cor 10,16-17). Paulo insiste na partilha igualitária, para que ninguém passe fome; pois, se não agirmos desta forma, estaremos comendo e bebendo nossa própria condenação (cf. 1Cor 11,17-34).

Ou seja, a celebração eucarística inclui um compromisso ético de partilha solidária para que ninguém passe necessidade. Não é à toa que, em toda a tradição cristã, a eucaristia vem relacionada com os relatos da multiplicação dos pães. A fração do pão é profecia de um mundo sem fome, de uma sociedade igualitária. Não se trata de dar as sobras aos pobres, mas de implantar um sistema econômico "solidário" que garanta a partilha dos bens.

b) O pão que se reparte para comer é o Corpo de Cristo, o qual foi *morto e ressuscitado pela salvação do mundo [...] o corpo glorioso e vivente de Cristo Jesus* (IGMR, 3. ed., n. 83). Também o canto *Cordeiro de Deus,* que acompanha a fração, acentua a dimensão pascal da eucaristia. Faz alusão ao Cristo, Cordeiro pascal da nova aliança, sacrificado, imolado, partido para a salvação do mundo, mas que se encontra ressuscitado, glorioso, em pé diante do trono de Deus. (Lembremos principalmente os textos de Isaías 52–53, o relato da paixão no evangelho de João e o livro do Apocalipse.) Toda morte vivida, toda dificuldade e toda situação penosa e violenta pela qual passamos (individual ou coletivamente), vêm iluminadas pela participação no corpo glorioso de Cristo ressuscitado.

c) Pouco a pouco, estamos reintroduzindo a participação de todos no cálice com vinho,[9] obedecendo ao mandamento do Senhor: *Tomam e bebam todos vocês [...].* A comunhão no cálice manifesta mais claramente duas coisas: que a eucaristia é celebração da aliança no sangue libertador do Cordeiro (cf. Ap 5,9), participação em sua morte (cf. Mt 20,22: *Vocês podem beber meu cálice?*; Mc 14,36: *Afasta de*

---

[8] É bom lembrar que a *commixtio*, ou seja, o fato de colocar uma parte do pão no cálice com vinho, não substitui a fração do pão; vem de outro rito, com outro significado.

[9] Cf. IGMR, 3. ed., nn. 281ss.

mim este cálice); e que a eucaristia é antecipação e participação na alegria do banquete escatológico do Reino de Deus (cf. Lc 22,18; Jo 2,1-11, bodas de Caná; Jo 15, os ramos sorvem a seiva da videira).

8. PALAVRA E EUCARISTIA FORMAM UMA UNIDADE

A renovação conciliar recolocou a Sagrada Escritura no seu devido lugar nas celebrações litúrgicas. Lembra sua máxima importância, sua presença direta ou indireta nas leituras, na homilia, nos salmos, nas preces, orações e hinos, nos gestos e ações simbólicas; manda ampliar as partes da Sagrada Escritura lidas principalmente nas liturgias dominicais; restaura o salmo responsorial, a homilia e a oração dos fiéis. O concílio acentua principalmente o nexo entre Palavra e sacramento e, dessa forma, dá um enorme passo em direção às Igrejas da Reforma Protestante. Todos os sacramentos são *sacramentos da fé* (SC 59); a fé supõe escuta da Palavra. Mais especificamente, da missa se diz que *a liturgia da Palavra e a liturgia eucarística estão tão estreitamente unidas que formam um único ato de culto* (SC 56). Devemos entender isso na perspectiva da celebração da aliança: a liturgia da Palavra é o momento do diálogo, do contrato da aliança, que será selado na liturgia eucarística.

A liturgia da Palavra não é uma "preparação" catequética, mas tem característica sacramental: Cristo está presente pela sua Palavra (cf. SC 7). Portanto, a compreensão da presença de Cristo, que antes do concílio ficava restrita ao pão e ao vinho da eucaristia, foi ampliada. Fala-se ainda da *mesa da Palavra de Deus*, ricamente preparada para alimentar o povo de Deus (cf. SC 51), assim como da mesa eucarística.

Qual a importância disso para nossa compreensão da eucaristia? Destaquemos dois aspectos:

a) As leituras bíblicas nos lembram constantemente de que nossa fé está devidamente enraizada na história. Apresentam-nos e fazem-nos conhecer a pessoa de Jesus, sua missão, sua proposta de vida, pelas quais foi condenado à morte, naquele tempo, lá na Palestina. É esse mesmo Jesus, agora ressuscitado, que nos convida à sua mesa, nos oferece o pão e o vinho, para vivermos unidos a ele, o Crucificado-Ressuscitado. Ele nos convida para segui-lo e continuar sua missão messiânica, testemunhando sua vida, morte e ressurreição nas contingências de nossa vida, hoje, aqui e agora. Quem quiser receber a comunhão eucarística deve antes comungar o Cristo em sua Palavra e fazer com que este mesmo Cristo oriente o modo de viver de quem comunga. A homilia tem essa função de ressaltar a relação entre as leituras ouvidas, o mistério de Cristo celebrado na eucaristia ao longo do ano litúrgico e o seguimento de Cristo em nossa realidade pessoal e social.

b) O prefácio e o canto de comunhão, muitas vezes retomados do evangelho do dia, ajudam-nos a não dissociar nossa devoção e nossa espiritualidade eucarísticas desse seguimento. Comungar é unir-se a Cristo, formar um só corpo com ele e dispor-se a caminhar para onde ele nos enviar em missão. Os mistérios celebrados ao longo do ano litúrgico — desdobramentos do único mistério pascal — ajudam-nos a viver nossa vida como um longo (e às vezes penoso) processo pascal, dia após dia, semana após semana, ano após ano.

9. O SUJEITO DA AÇÃO EUCARÍSTICA É A COMUNIDADE ECLESIAL, POVO SACERDOTAL

Quem celebra a eucaristia é a comunidade eclesial, o povo de Deus reunido em assembléia (cf. SC 26). Várias mudanças ocorreram na renovação litúrgica pós-conciliar baseadas nesta afirmação teológica nuclear, entre outras: o altar é afastado da parede, para que se possa celebrar, não mais de costas, mas com o rosto voltado para o povo; o banco de comunhão que separava o povo do presbitério e do altar é eliminado; multiplicam-se os ministérios litúrgicos (equipe de liturgia); os ritos iniciais são reformulados em vista de sua nova função: constituir a assembléia litúrgica, formar o "corpo comunitário" celebrante; o rito penitencial deixa seu caráter devocional e torna-se um rito comunitário; o latim é substituído pela língua de cada povo; fala-se na necessidade de se usar uma linguagem (verbal, gestual, musical...) na cultura da comunidade celebrante; o povo todo se encarrega das respostas no diálogo com o presidente, que antes eram ditas somente pelos coroinhas; a maioria dos cantos é cantada por todos (não mais só pelo coral), na língua do povo; o padre não as repete, lendo individualmente, mas canta junto com a assembléia; as oferendas (pão, vinho, coleta de dinheiro...) são trazidas pelo povo, ou por alguns membros do mesmo; a oração eucarística é dita pelo presidente em voz alta para o povo poder participar, intervindo, até, com respostas e aclamações; o "amém" final da oração eucarística ganha um destaque, como ratificação da oração presidencial por parte da assembléia; é reintroduzido o abraço da paz; a comunhão deixa de ser uma ação intimista, devocional (cada um rezando individualmente, com o rosto entre as mãos), para tornar-se uma ação comunitária, todos caminhando em procissão, cantando juntos, expressando sua comum-união em Cristo; é reintroduzida a concelebração eucarística (vários padres celebrando a mesma missa juntos), expressando a unidade do sacerdócio ministerial.

A base teológica está na participação dos cristãos no sacerdócio de Cristo pelo sacramento do batismo. Nele somos um povo sacerdotal. Cristo está realmente presente na assembléia eucarística e no ministro que a preside (cf. SC 7). Usando uma imagem cara a são Paulo, a comunidade eclesial é o Corpo de Cristo, indissoluvelmente unida a ele, que é a Cabeça desse "corpo", na unidade do Espírito Santo. Também os santos e os outros falecidos fazem parte dessa "comunhão dos santos", ou seja, dos que são membros do Corpo de Cristo; por isso, são mencionados na oração eucarística. Outra imagem que expressa a estreita relação entre Cristo e sua Igreja, é a imagem da íntima união entre esposo e esposa; trata-se de uma relação mística, mais que institucional. E é celebrando a eucaristia, "sacramento da unidade" (termo retomado da patrística e que volta com insistência na reforma eucarística conciliar), que se expressa e se aperfeiçoa o ser da Igreja. É famosa a afirmação: a Igreja realiza a eucaristia, e a eucaristia realiza a Igreja.

Isso implica diretamente uma mudança da relação povo–clero na celebração da eucaristia. Até o concílio, o padre "celebrava" a missa "para" o povo; o povo assistia à celebração mudo, recolhido em suas devoções particulares, cada um(a) por si. Na perspectiva do concílio, o padre "serve" a um povo, todo ele sacerdotal; "preside" uma assembléia celebrante. Todo o povo sacerdotal, unido a Cristo, no Espírito Santo, realiza o memorial, alimentando-se da Palavra de Deus, orando em comunidade, dando graças, oferecendo o sacrifício de louvor e comungando da mesa do Senhor. A SC 48 insiste: *aprendam a oferecer-se a si próprios oferecendo a hóstia imaculada [o próprio Cristo], não só pelas mãos do sacerdote, mas juntamente com ele.* Essa foi e continua sendo uma grande novidade, talvez ainda não devidamente assimilada.

No entanto, a assembléia não deixa de ser hierarquicamente constituída, organizada: além dos ministros (bispo, presbítero) que presidem a eucaristia, há os leitores, cantores, instrumentistas, acólitos, "comentaristas", todos são agora considerados verdadeiros ministérios litúrgicos a serviço da assembléia (cf. SC 29). Cada qual assume sua função específica, como as várias partes num corpo humano (cf. SC 28).

A palavra-chave que volta cerca de cinqüenta vezes ao longo da SC é "participação" de todo o povo na liturgia. Entendida em sentido teológico, participação é comunhão em Cristo, participação em sua missão messiânica, em sua morte e ressurreição, em sua relação com o Pai, no Espírito Santo. Para que seja um ato verdadeiramente humano, essa participação precisará ser também "consciente". Daí a necessidade tanto de adaptar a maneira de celebrar à cultura de cada povo (cf. SC 37-40), como de formar liturgicamente todo o povo de Deus, *para que não assistam como estranhos ou espectadores mudos* (cf. SC 47), mas participem como agentes, sujeitos da ação eucarística.

10. CONFRONTO COM NOSSA PRÁTICA

Se formos sinceros e críticos o suficiente, deveremos reconhecer que, em muitas de nossas missas, já não reconhecemos esses gestos básicos e o sentido teológico deixados por Jesus. A maioria das pessoas não relaciona a comunhão, nem com a oração eucarística, nem com a Palavra ouvida, nem com o compromisso de testemunhar a ressurreição no dia-a-dia. Desconhece tanto a importância da oração eucarística como um todo, quanto o gesto da fração do pão (mesmo porque na maioria das vezes continuamos usando hóstias em vez de pão). Essa grande maioria fica "ligada" unicamente ao momento da narrativa da última ceia e à comunhão. Cultiva uma devoção ao "Santíssimo Sacramento", entendido como presença real de Jesus na hóstia consagrada, e vive a "comunhão" como um "consumo" individual das hóstias consagradas. Poucas vezes temos a oportunidade de comungar do cálice com vinho.

Há um certo "entulho" de elementos medievais, introduzidos em uma época em que o povo já não tinha acesso à mesa eucarística e que a Igreja havia perdido o sentido pascal da eucaristia: elevação e adoração do Santíssimo no momento da chamada "consagração", oração devocional diante do sacrário logo depois da comunhão, veneração do sacrário como mais importante do que o altar, bênção com o Santíssimo durante ou depois da missa. Jesus não mandou fazer nada disso! Nada disso está na Sagrada Escritura e na genuína Tradição. Fica, então, o desafio de remover os "entulhos" litúrgicos e teológicos e recolocar nossa maneira de celebrar a eucaristia, nossa catequese e nossa formação teológica no trilho reencontrado pelo Concílio Vaticano II.

Resumindo

A celebração eucarística é a expressão sacramental máxima da vida cristã. Daí a importância de avaliar, de tempos em tempos, até que ponto estaremos, de fato, realizando o que Jesus nos mandou fazer em sua memória. Destacamos seis mudanças introduzidas na maneira de celebrar a eucaristia pela renovação litúrgica do Concílio Vaticano II, as quais apontam para mudanças significativas na teologia da eucaristia e convidam-nos a rever nossa maneira de celebrar, pensar e viver a eucaristia:

a) *Aclamação memorial: eucaristia é celebração do mistério de nossa fé, o mistério pascal.*

b) *Oração eucarística: eucaristia é ação de graças ao Pai pela salvação realizada por Cristo, com Cristo e em Cristo, na unidade do Espírito Santo.*

c) *Epiclese: eucaristia é ação do Espírito Santo na Igreja para recriar a Igreja e o mundo.*

d) Fração do pão e comunhão: eucaristia é partilha, comunhão de vida com Deus e entre nós; existe para formar comunidade e organizar o mundo na solidariedade.

e) Palavra e eucaristia, um só ato de culto: eucaristia é identificação com Jesus Cristo, compromisso no seguimento, na caminhada perseverante em todas as circunstâncias de nossa vida pessoal e social.

f) Assembléia litúrgica, sujeito da ação eucarística: eucaristia é ação comunitária, eclesial, de um povo sacerdotal agradecido, participante do sacerdócio de Cristo.

Para pensar, trocar idéias e experiências

1. Dos seis pontos listados anteriormente, quais já foram incorporados na prática ritual, na teologia e na espiritualidade eucarísticas em sua comunidade?

2. Que conseqüências você tira deste estudo para sua própria participação na eucaristia?

Bibliografia complementar

a) Textos oficiais

CONGREGAÇÃO PARA O CULTO DIVINO E A DISCIPLINA DOS SACRAMENTOS. Instrução Geral do Missal Romano, 3. ed. típica. In: CNBB. *As introduções gerais dos livros litúrgicos.* São Paulo, Paulus, 2003. pp. 99-227.

CIC, nn. 1322-1418.

JOÃO PAULO II. *Ecclesia de Eucharistia*; sobre a eucaristia na sua relação com a Igreja. São Paulo, Paulinas, 2003. (Col. A Voz do Papa, 185.)

b) Outros

ALDAZÁBAL, J. A. Eucaristia. In: BOROBIO, D. (org.). *A celebração na Igreja.* São Paulo, Loyola, 1988. v. 2 (Sacramentos), pp. 145-357.

_____. *A eucaristia.* Petrópolis, Vozes, 2002.

BUYST, I. *A missa, memória de Jesus no coração da vida.* 5. ed. Petrópolis, Vozes, 2001. (Col. Equipe de Liturgia, 4.) (Em preparação, reedição por Paulinas, São Paulo.)

CANTALAMESSA, R. *O mistério da ceia.* Aparecida, Santuário, 1993.

CONSELHO MUNDIAL DE IGREJAS (Conselho fé e constituição). *Batismo, eucaristia, ministério*; convergência da fé. Rio de Janeiro, Conic/Cedi, 1983.

Giraudo, C. *Redescobrindo a eucaristia*. São Paulo, Loyola, 2002.

_____. *Num só corpo*; tratado mistagógico sobre a eucaristia. São Paulo, Loyola, 2003.

Hahn, S. *O Banquete do Cordeiro*; a missa segundo um convertido. São Paulo, Loyola, 2002.

Léon-Dufour, X. *O partir do pão eucarístico segundo o Novo Testamento*. São Paulo, Loyola, 1984.

Mazza, E. *L'action eucharistique*; origine, développement, interprétation. Paris, Cerf, 1999. (Título do original italiano: *L'eucaristia nella storia; genese del rito e sviluppo dell' interpretazione*, 1996.)

Power, D. *The eucharistic mystery*; revitalizing the tradition. Dublin, Gill and Macmillan, 1992.

Visentin, P. Eucaristia. In: *DILI*, pp. 395-415.

Capítulo terceiro

OS DEMAIS SACRAMENTOS DA VIDA CRISTÃ

Manoel João Francisco

Depois de uma séria, sofrida e ampla controvérsia, o termo e o conceito de sacramento passou a significar, na literatura teológica, a celebração do mistério ou plano de Deus revelado à humanidade.

Sabe-se que o plano de Deus, em sua concretização, nada mais é do que o Reino de Deus revelado especialmente aos pobres e humildes (cf. Lc 10,21-22; Mt 11,25-26; Mc 4,11; Mt 13,11; Lc 8,10). Daí que celebrar e participar de um sacramento significa, em primeiro lugar, anunciar e proclamar o Reino de Deus e a sua concretização histórica na pessoa de Jesus Cristo. Em segundo lugar, denunciar tudo o que a ele se opõe. Em terceiro lugar, reavivar a esperança de uma criação totalmente reconciliada na parusia (cf. Ap 10,7) e comprometer-se com sua antecipação na história (cf. Lc 11,20), mediante uma sociedade em que todos os homens e mulheres se sintam irmãos e irmãs filhos e filhas do mesmo Pai (cf. MED 9,2).[1]

1. O SACRAMENTO DA RECONCILIAÇÃO

Todos os sacramentos estão passando por séria crise em sua prática celebrativa. No caso do sacramento da reconciliação, a crise parece ser mais aguda. Dela vem-se falando já há muito tempo. Em 1983, por ocasião do Sínodo sobre Reconciliação e Penitência, os padres sinodais deram tanto realce à questão que até o Papa a registrou na sua exortação apostólica pós-sinodal (cf. RP 28).

Uma das principais causas da crise, sem dúvida, encontra-se na falta de reconciliação real na vida pessoal e social. É ensinamento da Igreja, desde os Santos Padres, que o rito adquire veracidade e eficácia a partir da realidade, e não vice-versa. Na *Didaqué*, catecismo dos primeiros cristãos, por

---

[1] Para aprofundar o tema dos sacramentos em geral consulte, desta mesma coleção, BUYST, I. & SILVA, A. J. da. *O mistério celebrado*; memória e compromisso I, especialmente o capítulo sétimo: "Façam isto... Sacramentalidade da liturgia".

exemplo, aparece a exigência de uma consciência pura *para que o sacrifício seja puro e não venha a ser profanado* (14,1-2). Em nosso dias, L. Boff lembra que *a reconciliação sacramental que não levar a uma exigência de mudança de vida é inócua. Ofende mais a Deus que o glorifica.*[2]

Um teologúmeno da escolástica afirmava que, *se na Igreja não houvesse vida cristã real, mesmo quando se pronunciassem corretamente as palavras da consagração e a matéria fosse correta, não haveria presença sacramental de Cristo sob as espécies de pão e de vinho.* Parafraseando esse teologúmeno poder-se-ia dizer: *Se na vida dos cristãos e da sociedade em geral não existe reconciliação, mesmo que o penitente arrependido confesse em detalhes todos os seus pecados, e o ministro pronuncie escrupulosamente as palavras da absolvição, tal penitente não voltará para casa reconciliado.*

Para D. Borobio, outra causa importante da crise do sacramento da reconciliação encontra-se na *desritualização do perdão em favor de sua existencialização e da desvalorização simbólica do sacramento em favor de uma explicação secularizada de seus elementos integrante*s. Segundo esse autor, o homem moderno não valoriza os símbolos. O que conta é a conversão interior, a ação reconciliadora da justiça na vida, o perdão dado e recebido em meio aos conflitos familiares e sociais.[3] Nessa mesma linha de pensamento Ch. Duquoc convida a um *grande esforço de criação no campo litúrgico, a fim de que não cresça sempre mais a impressão de distanciamento entre nossa história e a celebração simbólica da reconciliação.*[4]

É preciso, portanto, encontrar formas celebrativas que melhor explicitem a originalidade cristã da reconciliação como dom e conquista. De fato, a reconciliação, muito mais que uma realidade, é uma utopia que se vive primeiramente no seu aspecto negativo, isto é, na sua dimensão de luta contra o pecado, tanto pessoal quanto social. A reconciliação sacramental, portanto, deverá, sem cair numa culpabilização mórbida, levar o cristão a assumir sua cota de responsabilidade diante das "estruturas de pecado", alimentar a luta em favor de maior justiça, paz e igualdade entre as pessoas e, ao mesmo tempo, mediante o rito, fazer ver que o perdão é dom da inefável misericórdia divina, concedido do alto da cruz a todos os homens e mulheres, representados e representadas pelas mulheres que batiam no peito, pelo ladrão arrependido e pelos algozes impenitentes (cf. RP 4).

Encontrar gestos e símbolos que expressem tais realidades só será possível se na base forem colocados sólidos princípios teológico-litúrgicos. Também aqui vale o princípio segundo o qual, em assuntos de verdadeira importância, o mais prático é ter uma verdadeira teoria.

---

[2] BOFF, L. *Os sacramentos da vida e a vida dos sacramentos*. Petrópolis, Vozes, 1975. p. 72.

[3] BOROBIO, D. O perdão sacramental dos pecados. *Concilium* 204 (1986), p. 235.

[4] Cf. DUQUOC, Ch. Reconciliação real e reconciliação sacramental. *Concilium* 61 (1971), p. 28.

1.1. Reconciliação: conversão e renovação da aliança

O homem não foi fiel à aliança. Em vez de anunciar o Reino, implantou o anti-Reino. Em relação a Deus, em vez de filho, fez-se rebelde; em relação aos outros homens, em vez de irmão, transformou-se em explorador e opressor egoísta; em relação à natureza, em vez de guardião e jardineiro do mundo, passou a buscar seus próprios interesses, destruindo e levando à morte tudo o que encontrou pela frente.

Deus deixou que o homem seguisse os caprichos de seu duro coração (cf. Sl 81,13) e caísse em

> *paixões aviltantes [...]. E como não julgaram bom ter o conhecimento de Deus (aceitar assumir o plano), Deus os entregou à sua mente incapaz de julgar, para fazerem o que não convém: repletos de toda sorte de injustiça, perversidade, avidez e malícia, cheios de inveja, assassínios, rixas, fraudes e malvadezas; detratores, caluniadores, inimigos de Deus, insolentes, arrogantes, fanfarrões, engenhosos no mal, rebeldes para com os pais, insensatos, desleais, sem coração nem piedade (Rm 1,26-31).*

Nesta situação de caos e falta de identidade, a lei passa a ser a do mais forte. O justo então será vendido por prata, e o indigente por um par de sandálias. Esmagar-se-á sobre o pó a cabeça dos fracos, se fará torto o caminho dos pobres e a violência reinará soberana (cf. Am 2,6-7; 4,1; 6,3). Promulgar-se-ão leis iníquas e rescritos de opressão. Os fracos não terão seus direitos reconhecidos, e os pobres serão privados de sua justiça. As viúvas serão despojadas, e os órfãos serão saqueados (cf. Is 10,1-2). As mãos se mancharão de sangue, e os dedos de maldade. Os lábios falarão mentiras, e a língua proferirá maldades. Chocar-se-ão ovos de víboras e dar-se-ão à luz iniqüidades. Correr-se-á atrás do mal, e os julgamentos retos já não existirão (cf. Is 59,3-8; Os 4,2). A fidelidade e o amor desaparecerão, e as cidades se transformarão em antros de malfeitores (cf. Os 4,1; 6,8-9). Cultivar-se-á a perversidade e colher-se-á a injustiça (cf. Os 10,13). Ao mal chamarão bem, e ao bem mal; as trevas transformarão em luz, e a luz em trevas; o amargo mudarão em doce, e o doce em amargo (cf. Is 5,20).

Deus, porém, é fiel a si mesmo e a seu plano (cf. Sl 88,31-38). Por causa de sua fidelidade não desistirá de oferecer às pessoas a possibilidade de conversão e reconciliação mediante seu perdão misericordioso, que vence o pecado e renova a aliança.

A iniciativa é sempre de Deus, mas a participação do ser humano é também sempre solicitada em todos os níveis: litúrgico, histórico, social, político e existencial-individual, como se pode ver nesta passagem de Isaías:

> *Ouvi as palavras de Iahweh, chefe de Sodoma; prestai atenção à instrução de nosso Deus, povo de Gomorra! [...] Lavai-vos, purificai-vos* (nível litúrgico). *Tirai da minha vista vossas más ações! Cessai de praticar o mal, aprendei a fazer o bem! Buscai o direito, corrigi o opressor! Fazei justiça ao órfão, defendei a causa da viúva!* (demais níveis) (1,10.16-17).

Outra passagem em que aparecem de forma muito clara os diversos passos do perdão divino é Is 6,1-11. Nela se descreve uma liturgia celeste na qual Isaías se reconhece pecador, implora o perdão e é purificado. No final é constituído profeta, isto é, aliado de Deus no anúncio do Reino e na denúncia do anti-Reino. O sacramento da reconciliação celebra todo esse processo de perdão, da parte de Deus, que vence o pecado e de conversão, da parte do ser humano, que aceita o perdão e transforma todo o seu modo de agir, propondo-se, mais uma vez, a realizar o plano de Deus (*mysterion*), ou seja, antecipar na história, mesmo que de forma parcial, o Reino.

Vista dessa forma, a celebração sacramental da reconciliação deixa de parecer algo jurídico, declaratório, estático, instantâneo, para ser vista como algo histórico, que comporta a acolhida do perdão misericordioso e gratuito de Deus e a restauração de uma dinâmica de reconciliação que leva à transformação da situação de "des-graça" em estado de graça. Não se trata de um ato mágico. Os conflitos pessoais e sociais continuam após o perdão, que elimina o pecado mas não destrói os desvios e os vícios criados, ou seja, as *reliquiae peccati*.

1.2. Estrutura e elementos do sacramento da reconciliação

O processo de perdão e conversão, celebrado no sacramento da reconciliação, individual e/ou comunitariamente, apresenta uma certa estrutura cujos elementos constitutivos são: a Palavra de Deus, a conversão (contrição), a oração (confissão), o compromisso (satisfação) e a reconciliação (absolvição).

a) A Palavra de Deus

Convém que o sacramento da penitência comece com a audição da Palavra, pela qual Deus ilumina o fiel para o reconhecimento de seus pecados, chama-o à conversão e leva-o a confiar na misericórdia divina (cf. RiP 24 e 17).

De fato, é a Palavra que nos introduz no mistério da reconciliação, ao revelar-nos todo o plano salvífico de Deus. Pela Palavra, é-nos anunciado que o pecado não profere a última decisão em nossa vida, mas que existe sempre a possibilidade de conversão e renovação da aliança.

Segundo a concepção bíblica, a Palavra não é apenas informativa, mas também performativa. Não só proclama a misericórdia e o perdão de Deus, mas também os realiza (cf. Jo 15,3). Não só promete, mas também compromete. Na liturgia e nos sacramentos a Palavra também é eficaz e criadora de novas situações.

Para passar do nível informativo para o performativo, a Palavra exige que seja proclamada e acolhida como "memória", "interpelação" e "promessa". "Memória" significa crer que a Palavra faz referência a fatos que pertencem à história real das pessoas. "Interpelação" significa crer que o que foi possível no passado continua sendo no presente. "Promessa" significa crer na eficácia da Palavra em face do futuro. Não um futuro como algo inatingível, mas como algo que precisa sempre melhorar, sem nunca parar, até atingir a sua plenitude na parusia, já que as concretizações históricas do que é proposto pela Palavra são e serão sempre imperfeitas.

b) A conversão (contrição)

A autenticidade do sacramento da reconciliação depende da conversão. Sendo resposta à Palavra anunciada, ela constitui o núcleo central desse sacramento.

A introdução do *Ritual da penitência* faz questão de esclarecer que

> entre os atos do penitente, ocupa o primeiro lugar a contrição, ou seja, a dor da alma e a detestação do pecado cometido, com o propósito de não mais pecar. Com efeito, ao Reino anunciado por Cristo só se pode chegar mediante a metanóia, isto é, por meio da inteira mudança do homem todo, pela qual ele começa a pensar, julgar e dispor a sua vida levada por aquela santidade e caridade de Deus, que foram manifestadas nos últimos tempos (RiP 6a).

A conversão, porém, não tem só essa dimensão de renúncia e de ódio ao pecado. João Paulo II lembra que a conversão significa também *uma aproximação da santidade de Deus, um reencontro da própria verdade interior* (RP 31, item III).

Outra característica da conversão é a sua processualidade. Não existe fórmula mágica e instantânea de conversão. A Bíblia normalmente designa a conversão com verbos ou locuções verbais, e não com substantivos, justamente para indicar que é ação e processo.

Em toda conversão distinguem-se quatro momentos. O primeiro consiste na tomada de consciência do pecado ou dos pecados. Essa consciência nasce da experiência da bondade e misericórdia de Deus. O segundo momento tem por objeto, conforme a expressão do Concílio de Trento, *a dor da alma e a detestação do pecado cometido*. O terceiro momento vem a ser a determinação de esforçar-se para não pecar mais. E o quarto momento é aquele em que se busca transformar a realidade de pecado, tanto pessoal quanto estruturalmente.

Em todos esses momentos agem Deus e o ser humano. Por isso, a conversão é sempre graça de Deus e resposta nossa, iniciativa misericordiosa e acolhida confiante. É mais graça divina do que esforço humano, pois este último, no fundo, é também graça.

Toda conversão autêntica deve ser reconhecida pela comunidade. Daí a necessidade de ser celebrada e sacramentada. Naturalmente que numa celebração bem-feita não podem faltar esses elementos recém-mencionados. Tarefa muito difícil de ser alcançada, se contarmos apenas com os três modelos previstos no *Ritual da penitência*.

c) A oração (confissão)

Diante da consciência de pecado e da experiência de Deus bom e santo, brota espontaneamente a confissão de culpa (cf. Is 6,5; Lc 15,17-21) e o pedido de perdão (cf. Sl 51).

Confessar as próprias culpas e pedir perdão é um gesto próprio da natureza humana. Em todos os povos, culturas e religiões encontram-se gestos e ritos que expressam essa necessidade humana.

Desde o Antigo Testamento a confissão fazia parte de um contexto litúrgico mais amplo (cf. Br 9,14-22; Sl 106,4-5). Com o tempo, porém, foi sendo supervalorizada, a ponto de passar a ser sinônimo de todo o sacramento da reconciliação, com o conseqüente empobrecimento deste último.

No século XII, o problema da necessidade da confissão para o perdão dos pecados foi uma questão central dos estudos teológicos. As opiniões eram, então, contraditórias. Havia quem opinava pela desnecessidade da confissão. Esta última seria apenas um complemento da remissão dos pecados alcançada pela contrição. Mas havia também os defensores da opinião oposta. A confissão tinha valor em si mesma. A acusação ao padre, segundo esses teólogos, seria um elemento indispensável para a remissão dos pecados.[5] Prevaleceu a última opinião.

Em seus sermões, são Bernardo e seus discípulos insistiam sobre a necessidade e a eficácia da confissão. A confissão purifica a alma e justifica o pecador. É um sacrifício que agrada a Deus. Sem confissão, o pecador é um cadáver. Pela confissão, retorna à vida. A confissão é o véu que cobre os pecados e embeleza a alma.

O IV Concílio de Latrão (1215) prescreveu a confissão anual ao próprio pároco e, hoje, tendo por base as determinações do Concílio de Trento, a Igreja considera a confissão individual e íntegra, isto é, de todos os pecados graves, segundo a espécie e o número, como único modo ordinário de reconciliação do fiel com Deus e com a Igreja (cân. 960 e 988).

Essa forma de celebrar o sacramento da reconciliação encontra-se em crise. Entre tantas e complexas causas, passou-se também a considerá-la um instrumento de dominação de que era preciso se emancipar. Além disso, o exagerado individualismo, se não surgido, ao menos fortalecido pela confissão auricular, anuviou a dimensão eclesial da reconciliação e promoveu uma quase total ausência da comunidade no processo penitencial, além de esquecer completamente a perspectiva reconciliadora da Igreja em relação ao mundo.

Tal situação suscitou na mente de muitos pastores a pergunta: Não terá chegado o momento de buscar outras formas de celebrar a reconciliação

---

[5] ANCIAUX, P. *Théologie du sacrement de pénitence au XII siècle.* Louvain, E. Nauwelaerts, 1949. pp. 164-274.

em que a confissão tenha, como na Igreja primitiva e medieval, o seu reconhecido valor, mas sem a importância que lhe é atribuída atualmente?

d) O compromisso (satisfação)

Já foi dito que a conversão não se dá de forma instantânea. Assim como o pecado *madura dentro de tendências más e mal orientadas que se vão articulando em atitudes geradoras de uma situação de pecado ou em pecados ocasionais,*[6] da mesma forma a conversão precisa de tempo. Ela amadurece dentro de uma penosa experiência de oposição ao pecado e às suas estruturas, dentro e fora da pessoa, pois *não é de um dia para o outro que se distorce uma orientação que se foi fazendo ao longo de muitos anos.*[7] Os Pais e as Mães da Igreja, para explicar que o pecado continuava influenciando na pessoa e na realidade, mesmo depois de perdoado, usavam a imagem da ressurreição de Lázaro. Mesmo depois de ressuscitado, Lázaro continuava com o rosto coberto pelo sudário e o corpo enfaixado pelos lençóis que o envolviam enquanto estava morto (cf. Jo 11,44).

Dessa laboriosidade da conversão, a Igreja, no primeiro milênio, estava muito consciente. Por isso exigia, do pecador que desejava reconciliar-se, longas e duras penitências. Por meio delas se certificava a autenticidade da conversão e, ao mesmo tempo, proporcionava ao pecador a oportunidade de amadurecer a sua decisão. Durante esse período, somente por exceção, a reconciliação acontecia antes da satisfação.

Com o correr do tempo, por causa das adaptações às mentalidades das diversas épocas, mas principalmente por causa dos abusos ocorridos no período da penitência tarifada, a satisfação foi perdendo a sua importância em favor da confissão. A partir do século XII mudou-se a seqüência do processo penitencial. De confissão, satisfação, reconciliação, passa-se a confissão, reconciliação, satisfação.

Hoje, teólogos e pastores voltam a revalorizar a satisfação, pois na prática ela havia desaparecido, embora teoricamente nunca tenha sido negado seu valor.[8]

Dentre as reflexões teológicas que procuram revalorizar a satisfação no contexto penitencial, podem-se distinguir três posições que se complementam mutuamente.

A primeira posição, numa perspectiva mais antropológica, afirma que os atos livres da pessoa aos poucos vão configurando a sua personalidade.

---

[6] BOFF, L. *Vida para além da morte*; o presente, seu futuro, sua festa, sua contestação. Petrópolis, Vozes, 1973. p. 257.

[7] BOFF, L. *A graça libertadora no mundo*. Petrópolis, Vozes, 1976. pp. 190-191.

[8] Exemplo disso são as *Orientações Doutrinais e Pastorais* do episcopado espanhol em Comisión Episcopal Española de Liturgia, *Ritual de la Penitencia*, 65.

Sem deixar de ser livre, o ser humano passa a agir de uma determinada forma. Se por acaso se decide, livremente, por outra forma de vida, não significa que a totalidade de sua personalidade imediatamente obedeça ao comando de sua vontade. A satisfação, no sacramento da reconciliação, tem por isso o grande papel de amadurecer a conversão e de ajudá-la a atingir a sua plenitude.

A segunda posição parte da afirmação de que o pecado encontra-se também nas estruturas da sociedade. Estas também se viciam. Converter-se, por isso, além da luta contra as alienações pessoais, significa lutar contra a violência e toda forma de opressão e injustiça enraizada no tecido social, as quais impedem uma vida em fraternidade. Nesse caso a função da satisfação seria criar mecanismos sociais capazes de interromper a lógica da violência e de criar estruturas forjadoras de relações próprias de uma sociedade que possa ser chamada "civilização do amor".

A terceira posição parte do estudo histórico-dogmático-litúrgico do sacramento da reconciliação e propõe a restauração do processo penitencial na sua estrutura original: conversão, confissão, satisfação, reconciliação. Essa inovação poria em destaque o caráter processual, histórico e dinâmico da conversão. Criaria um espaço adequado à manifestação do esforço penitencial. Favoreceria maior participação da comunidade. Permitiria ao ministro melhor acompanhamento do penitente e conseqüentemente maior apoio. Daria maiores possibilidades de destacar a dimensão social e eclesial da reconciliação, que não só a autentifica, mas também a torna crível ao mundo.

e) A reconciliação (absolvição)

A conversão tem como última etapa de seu processo a reconciliação. Esta, por sua vez, só pode ser entendida a partir do perdão. Como explica D. Borobio, *reconciliação e perdão são dois aspectos diferenciados e inseparáveis, mas não confundíveis da mesma realidade*. A primeira se refere mais à mediação da Igreja, enquanto o segundo indica mais a ação misericordiosa e gratuita de Deus.[9] Já que na economia da salvação, na maioria das vezes, Deus age por mediações, o perdão divino, ordinariamente, só é possível por meio da reconciliação eclesial.

Tudo isso é sintetizado pelo *Ritual da penitência* da seguinte forma: *Ao pecador que manifesta a sua conversão ao ministro da Igreja pela confissão, Deus concede o perdão mediante o sinal da absolvição, e assim se realiza o sacramento da penitência* (RiP 6d).

---

[9] Borobio, D. O perdão sacramental dos pecados. *Concilium* 204 (1986), pp. 243 e 236.

Na verdade, segundo a perspectiva da aliança, a lógica da reconciliação é: pecado, perdão, conversão. Desde o Gênesis, em que Deus, chamando Adão escondido entre as árvores, prometeu-lhe a redenção (cf. Gn 3,8-10), até o alto da cruz, em que Cristo perdoa os próprios algozes (cf. Lc 23,34), é sempre Deus quem toma a iniciativa do perdão.

Pelo perdão, Deus quebra a lógica da justiça legal do "olho por olho, dente por dente", e estabelece a lógica, humanamente absurda, em que a vítima sempre vencerá e o carrasco será sempre vencido. Não pela força da lei, nem pela lei da força, mas pelo poder que brota da misericórdia (cf. Mt 5,38-42). O perdão não faz da vítima carrasco, nem do carrasco vítima. Não inverte a situação, mas cria novas relações. O perdão é, por isso, uma nova criação.

O *Ritual da penitência*, com seus três modelos de celebração, expressa muito bem este aspecto de gratuidade da reconciliação. A absolvição dada imediatamente após a confissão (individual e detalhada, primeiro e segundo modelo, ou genérica, terceiro modelo) expressa justamente que a reconciliação é obra única, exclusiva e gratuita de Deus.

O perdão ficaria abstrato se permanecesse apenas na relação homem–Deus. Daí que o perdão de Deus deve inscrever-se no mundo das relações humanas. Aqui está o fundamento da dimensão social do perdão e a sua exigência de mediações.

Dentre todas as mediações, segundo as escrituras, a Igreja ocupa um lugar privilegiado. A Igreja cada vez mais tem tomado consciência de que não é apenas Igreja dos pobres, mas Igreja de pobres. Os pobres são lugar privilegiado com base no qual o Espírito Santo interpela os cristãos e os convida à conversão. Nos pobres, como pobres, fracos e empobrecidos, submetidos à opressão e exclusão, dá-se a reconciliação com Deus (cf. Mt 25,31-40).

Se é verdade que a celebração litúrgica é o modo mais excelente de manifestar a genuína natureza da verdadeira Igreja (SC 2/522), a celebração da reconciliação, como dos demais sacramentos, deverá ter o rosto do pobre. Os ritos deverão expressar que a reconciliação se dá à medida que houver uma conversão eclesial a Cristo no pobre e à medida que os pobres forem mediadores da reconciliação na Igreja e no mundo. Se na celebração da reconciliação a mediação do pobre não for considerada, o sacramento se torna não só ineficaz, mas também profanizado.

Aqui, mais uma vez, fica claro que os três modelos de celebração do *Ritual da penitência* não correspondem a essas exigências e que por isso, ao menos como alternativa complementar, deve-se pôr a criatividade pastoral para trabalhar e, com a audácia de uma sã criatividade, buscar outros modelos de celebração do sacramento da reconciliação.

1.3. Outras possíveis formas de reconciliação sacramental

Se os três ritos de reconciliação apresentados pelo *Ritual da penitência* não conseguem expressar toda a riqueza do complexo caminho da reconciliação, provavelmente nenhum outro rito que, por acaso venha-se criar, o conseguirá. A solução poderia ser, então, um número maior de ritos que se equilibrariam e se enriqueceriam numa complementação mútua. No sínodo de 1983, os bispos presentes fizeram mais de uma vez essa proposta, explicitando que os novos ritos poderiam retomar a grande tradição da Igreja anterior ao Concílio de Trento, como, por exemplo, as romarias e a celebração anual da quaresma,[10] que são essencialmente comunitárias.

a) Quaresma, "sacramento anual" da reconciliação[11]

Todos os anos a Igreja celebra solenemente a quaresma e a Páscoa, memorial da paixão, morte e ressurreição do Senhor. Não são duas festas, mas dois aspectos do mesmo e único mistério. A quaresma realça mais o aspecto da paixão e morte, enquanto a Páscoa mais o da ressurreição.

Como Cristo, pela sua paixão e morte, reconciliou-nos com o Pai (cf. Rm 5,10; 2Cor 5,18-20) e como a liturgia chama a quaresma de sacramento,[12] associando os conceitos não resultará estranho chamá-la de "sacramento anual" da reconciliação.

Dois gestos litúrgicos marcaram muito a penitência quaresmal da Igreja antiga e medieval. São eles a "imposição da penitência", realizada na Quarta-feira de Cinzas, e a "reconciliação dos penitentes", que tinha lugar na Quinta-feira Santa.

A forma quaresmal de celebrar a reconciliação chama a atenção principalmente pelo seu caráter socioestrutural. Os pecados a ela submetidos eram quase sempre estruturais. Por isso, as ações exigidas dos penitentes e, por extensão, da comunidade, que por solidariedade aos penitentes punha-se também em clima de conversão e penitência, incidiam com freqüência nas relações sociais, tais como profissão, lazer, modos de produção, legislação e até mesmo religião.

O caráter socioestrutural da conversão e da penitência é de origem bíblica e apostólica, como muito bem testemunha uma celebração penitencial

---

[10] Cf. Concetti, G. *Riconciliazione e penitenza nella missione della chiesa*; documenti ufficiali della sesta assemblea generale del sinodo dei vescovi. Sintesi originali degli interventi. Roma, Logos, 1983. p.158.

[11] Este é um subtítulo do artigo de Aldazabal, J. La celebración de la penitencia en el itinerario cuaresmal. *Phase* 128 (1982), pp. 127-143. A palavra conversão foi substituída pela reconciliação. Neste item retomo o que já escrevi em artigo publicado na *Revista de Liturgia* 122 (1994), pp. 27-29, e em minha tese de doutorado, a qual tem como título *Reconciliação e libertação*.

[12] Oração sobre as ofertas do I domingo da quaresma.

relatada nos Atos dos Apóstolos (cf. At 19,18-19). Reconhecendo-se culpados de idolatria e magia, os cristãos queimaram seus livros num valor equivalente a 50 mil dias de trabalho.[13]

J. Devisse afirma que a *penitência é o mais eficaz dos instrumentos pedagógicos de que a Igreja dispõe para transformar uma sociedade*.[14]

Vários autores, mesmo antes da sugestão dos padres sinodais em 1983, já tinham começado a refletir sobre a possibilidade de fazer da quaresma uma celebração, por etapas, do sacramento da reconciliação, a exemplo da Igreja antiga e medieval.[15] Algumas experiências nesse sentido também têm sido tentadas, atendendo, aliás, a uma insinuação do próprio *Ritual da penitência* (cf. RiP 13). No Brasil, todos os anos, durante a quaresma realiza-se a Campanha da Fraternidade com um tema de cunho social. Os católicos são convidados a mudar de vida e a realizar gestos concretos como sinal de conversão. Nesse contexto, a proposta de fazer da quaresma uma grande celebração sacramental da penitência caberia muito bem. Além de atender às exigências de um verdadeiro sacramento, com certeza teria boa acolhida da parte dos fiéis.

a) Pelo simples fato de ser quaresma, a reconciliação apareceria como manifestação e fruto do mistério pascal.

b) O aspecto processual da conversão e reconciliação seria sobremodo reforçado.

c) Todo o processo consistiria em uma manifestação exuberante da dimensão eclesial da reconciliação.

d) A conversão e a reconciliação seriam não só pessoal e grupal, mas também estrutural.

e) A celebração nasceria de uma prática eclesial-comunitária e se caracterizaria como práxis libertadora.

b) Romaria, caminho de reconciliação[16]

As peregrinações e romarias sempre foram, para os cristãos, símbolo de conversão, penitência e, ao mesmo tempo, de festa e reconciliação. Do século XIII

---

[13] Cf. Saoût, Y. *Atos dos apóstolos*; ação libertadora. São Paulo, Paulus, 1991. p. 168.

[14] Citado por Rubelin, M. Vision de la societé chrétienne à travers la confession et la penitence au IX siècle. Aa.Vv. *Pratiques de la confession*. Paris, Cerf, 1983. p. 54.

[15] Tena, P. Celebración de la penitencia en etapas. *Oración de las Horas* 3 (1977), pp. 15-18; Gonzales Fuente, A. Pour une célébration étalée du sacrement de la pénitence. *Communautés et Liturgie* 58 (1976), pp. 195-204; Aldazabal, J. La celebración de la penitencia en el itinerario cuaresmal. *Phase* 128 (1982), pp. 127-143; Borobio, D. *Penitencia. Reconciliación.* Dossier CPL 15. Barcelona, 1982.

[16] Trato deste tema de forma mais desenvolvida em artigo publicado na *Revista de Liturgia* 151 (1999), pp. 33-35, e em minha tese de doutorado, intitulada *Reconciliação e libertação*.

até o século XV, foram consideradas celebrações sacramentais (no sentido estrito) da penitência. Participar da romaria significava celebrar o sacramento da penitência.

No Brasil, além das romarias tradicionais aos santuários, a Igreja, nas últimas décadas, vem celebrando, com grande participação dos fiéis, em alguns lugares significativos de sofrimento, lutas e vitórias do povo, as chamadas "romarias da terra", "dos sem-teto", "dos trabalhadores" e outras. Essas romarias são geralmente organizadas pelos agentes das pastorais sociais e caracterizam-se pelo colorido social das orações, dos cantos e dos gestos. Nelas esconjuram-se os pecados estruturais, pede-se perdão, busca-se a reconciliação, expressa-se a solidariedade para com os que estão sendo injustiçados e festeja-se por alguma vitória já alcançada, sempre vista como antecipação imperfeita da reconciliação e libertação no Reino.

O rito da penitência publicado em 1973, com três ritos de reconciliação, não satisfez as expectativas dos fiéis e pastores do mundo inteiro. Ecos dessa insatisfação se fizeram ouvir durante o sínodo de 1983, como vimos anteriormente.

Tal insatisfação certamente se origina da consciência de que a celebração deve manifestar com maior claridade possível nossa participação no mal e em suas estruturas e, ao mesmo tempo, deve manifestar também nosso pedido de perdão diante do mal objetivo e estrutural e nosso compromisso de erradicá-lo mediante a prática da justiça e da luta em favor do Reino. Um rito de penitência que atenda aos anseios de hoje deve manifestar também a processualidade da conversão e incentivar a concretização do perdão. Esse novo rito, com manifestação de festa e de júbilo, deve expressar ainda que foi Cristo quem, mediante sua paixão, morte e ressurreição, reconciliou homens e mulheres com o Pai e entre si.

Todas essas exigências são expressas com muito vigor pelas romarias, em seus diversos momentos celebrativos (partida, viagem de ida, local da romaria, viagem de volta). Deseja-se, por isso, que na prática eclesial se passe a considerar as romarias como outra possível forma de celebrar o sacramento da reconciliação.

2. O SACRAMENTO DA UNÇÃO DOS ENFERMOS

Desde o século XII, quando começou a ser estudada de forma sistemática, a teologia dos sacramentos demonstrou pouco interesse pela unção dos enfermos. Pedro de Poitier, em seu *Comentário às sentenças*, informa-nos que a opinião sobre esse sacramento era de que *nada ou quase nada se tinha para discutir*. De lá para cá, pouca coisa mudou. Embora nos últimos cinqüenta anos o interesse tenha crescido, ainda hoje a unção dos enfermos permanece o "primo pobre" dos sacramentos.

Contudo, os estudos dos últimos tempos começam a dar alguns frutos. O Concílio Vaticano II mudou o nome de "extrema-unção" para "unção dos enfermos" (cf. SC 73/638). Ainda por determinação do Concílio Vaticano II, o rito da unção foi revisado (cf. SC 74-75/639-640) e um novo ritual foi publicado com valiosas orientações que refletem uma mudança teológico-pastoral bastante acentuada. Percebe-se maior sensibilidade e preocupação das paróquias e outras comunidades cristãs para com o mundo dos enfermos.

2.1. Nova concepção sobre a unção dos enfermos

Antes do Concílio Vaticano II, a unção dos enfermos chamava-se extrema-unção, e a morte era o seu elemento básico e constitutivo. Era conhecida também como *sacramentum exeuntium*, ou seja, sacramento daqueles que partem. Segundo essa concepção seu efeito era santificar, "sacramentalizar" a situação de agonizante, permitindo que a morte de Cristo se apossasse do moribundo, o incorporasse ao Cristo agonizante e o ajudasse a morrer no Senhor. Recebendo esse sacramento, o moribundo teria forças para fazer de sua morte o último e mais sublime ato de imitação de Cristo. Assim como o óleo, no uso ordinário, agiliza os músculos, fortifica, ilumina e acalma as dores, da mesma forma a unção com o óleo abençoado fazia com que a morte fosse *calma e luminosa*.[17] O sacramento da extrema-unção consagrava sacramentalmente a morte. Pela unção, o cristão, fortalecido pela união com o Senhor, vivia a última prova de sua vida e realizava sua última opção em comunhão com o Senhor.[18]

Com o Concílio Vaticano II acontece uma mudança significativa com base no próprio nome. De extrema-unção passa a ser unção dos enfermos. A justificativa para a mudança é que a unção dos enfermos *não é um sacramento só daqueles que estão nas vascas da morte*. Outra mudança importante, a partir do Concílio Vaticano II, foi a respeito do sujeito deste sacramento. Agora podem ser ungidas não somente as pessoas doentes mas também as idosas (cf. SC 73/638; LG 11/30).

O texto conciliar ainda fala de "perigo de morte", mas o contexto e as atas do concílio permitem dizer que a expressão "perigo de morte" não significa morte iminente. Os padres conciliares, com certeza, falavam de "doença grave".

Hoje, é possível conviver por longos anos com uma doença grave. Por exemplo, pessoas com duas ou mais coronárias sobrevivem por mais de trinta ou quarenta anos. Pacientes de Aids, a peste do século XX, conse-

---

[17] MALEVEZ, L. Les effets du sacrement d'extrême onction. *Revue du clergé africain* 4 (1949), pp.33-34
[18] Cf. HOWELL, F. *The work of our redemption*. Oxford, Catholic Social Guild, 1953; RAHNER, K. *Zur Theologie des Todes*. Freiburg, Herder, 1958. pp. 70-72.

guem conviver com ela até mais de vinte anos. Doença grave, portanto, não significa morte iminente.

Tão importante quanto a concepção do passado, que via a unção dos enfermos como sacramento que consagrava a morte, é a nova maneira de entender esse sacramento como aquele que consagra uma vocação, análogo aos sacramentos do matrimônio e da ordem. Hoje a teologia já pode reconhecer que existe uma vocação especial do doente e do idoso na Igreja. Segundo a teologia da vocação, Deus consagra todo o batizado e o chama para uma missão específica na Igreja e no mundo. Para cada vocação específica existe um sacramento. Por meio deles as pessoas, cada uma em seu estado próprio de vida, são consagradas e ungidas pelo Espírito Santo para *evangelizar os pobres, proclamar a remissão aos presos, a recuperar a vista aos cegos, restituir a liberdade aos oprimidos e proclamar o ano da graça do Senhor* (Lc 4,18-19).

2.2. Conclusão

Doença e velhice, embora "sob aparente contradição", apontam para o mistério de Deus e para o seu Reino. O Reino, antes de ser conquista, é irrupção gratuita da presença de Deus na história das pessoas e do mundo. Os sacramentos são momentos privilegiados dessa irrupção. Para a situação de doença e de velhice a Igreja oferece um sacramento específico: a unção dos enfermos. Por meio dela, Cristo ressuscitado e o seu Espírito consagram o doente ou a pessoa idosa, bem como aqueles que com eles se envolvem, para que assumam o ministério da cura, ou seja, para que se comprometam na luta contra doenças e suas causas e para que se empenhem na busca de melhor qualidade de vida aos que tiveram a graça de alcançar uma idade avançada.

Compreendido dentro dessa perspectiva, o sacramento da unção dos enfermos terá ao menos quatro características diversas das comumente apresentadas:

a) Sua celebração necessariamente terá de ser comunitária. O sujeito do sacramento não precisa ser apenas o doente ou o idoso, mas todo aquele que, diante da doença e dos preconceitos em relação aos idosos, sinais do anti-Reino, sentir-se provocado a combatê-los e assim contribuir para a construção do Reino.

b) Um dos efeitos será, sem dúvida, o perdão dos pecados. Não só do pecado pessoal, mas também do pecado da realidade ou estrutural. *Perdoar a realidade sabe-se que significa convertê-la ou substituir o anti-Reino pelo Reino de Deus, a injustiça pela justiça, a opressão pela liberdade, o egoísmo pelo amor, a morte pela vida.*[19] Será um

---

[19] Sobrino, J. América Latina: lugar de pecado, lugar de perdão. *Concilium* 204 (1986), p. 186.

efeito de engajamento na realidade de pecado, concretamente no mundo dos que sofrem pela doença ou por uma velhice mal compreendida ou vivida.

c) Outro efeito será a saúde corporal. Não necessariamente a saúde do doente que recebe a unção, mas a saúde para todos, conseqüência da luta contra os agentes causadores da doença.

d) O ministro não deveria ser apenas o padre. Ao menos não como ministro único. A celebração da unção dos enfermos, como a da eucaristia, deveria permitir a presença de outros ministros ao lado do presidente. Poderiam atuar nessa celebração os agentes da pastoral da saúde. Numa perspectiva de inculturação, os benzedores e benzedeiras poderiam marcar presença com suas orações e seus símbolos carregados de significado.

"Excursus" – O ministro da unção dos enfermos

A disciplina da Igreja determina que o *ministro próprio da unção dos enfermos é somente o sacerdote*. O bispo, o pároco, seus auxiliares, capelães de hospitais ou asilos e os superiores de comunidades religiosas clericais são ministros ordinários.

Contudo, nem sempre foi assim. Segundo a opinião de teólogos prudentes e equilibrados, a história do sacramento da unção dos enfermos permite admitir com segurança que, no início da Igreja, o óleo era abençoado pelo bispo ou pelo presbítero, enquanto sua aplicação era confiada a qualquer fiel. A carta do papa Inocêncio I ao bispo Decêncio de Gubbio, escrita no dia 16 de março de 416, é o testemunho mais antigo que temos sobre o assunto. Ela é muito clara e diz o seguinte: *Confeccionado pelo bispo, podem usar dele (do óleo) não apenas os sacerdotes, mas todos os cristãos, ungindo o seu próprio corpo ou o dos seus familiares em suas necessidades.*

No Brasil, a pastoral dos enfermos, tanto hospitalar quanto domiciliar, em algumas regiões está muito bem organizada. Os agentes trabalham em equipes e recebem formação permanente. Fazem visitas, até semanalmente. Durante as visitas, esses agentes levam o conforto da Palavra de Deus aos irmãos doentes, fazem orações e com freqüência lhes oferecem a força da eucaristia. Aos padres compete a tarefa de celebrar os sacramentos da reconciliação e da unção dos enfermos. A escassez de padres, porém, impede que esses sacramentos sejam celebrados com maior freqüência, deixando doentes e idosos privados das graças sacramentais específicas. O Concílio Vaticano II diz que o povo cristão, por força do batismo, tem direito à participação ativa nas celebrações litúrgicas (SC 14/543). Ao direito do povo corresponde o dever dos pastores. Não seria, por isso, o caso de, tendo em conta a prática antiga, permitir a leigos, ou pelo menos a diáconos, a possibilidade de celebrar com os doentes e idosos o sacramento da unção dos enfermos?

3. SACRAMENTO DA ORDEM

Toda instituição, para dar razão de sua existência, deve prestar certos serviços à coletividade. A Igreja, como instituição, não faz exceção à regra. Os serviços que presta orientam-se em três direções ou vertentes: o serviço da Palavra (profecia que sela sua autenticidade com a *martyria*); o serviço do culto e dos sacramentos da fé (*leitourgia*); e o serviço da caridade, comunhão, direção e animação (*diakonia*).

Todos os ministérios têm sua origem na missão de Cristo confiada a seus apóstolos e pertencem à estrutura fundamental da Igreja. Os ministérios, portanto, são parte constitutiva da verdadeira Igreja. Sem ministérios não existe Igreja. Suprimir os ministérios instituídos por Cristo seria dispersar, ou melhor, destruir a Igreja. Por meio dos ministérios a Igreja toma consciência, na fé, de não vir de si mesma, mas da graça de Cristo no Espírito Santo (PDV 16).

Distinguem-se na Igreja os ministérios não ordenados dos ordenados. Os ministérios não ordenados subdividem-se em simples serviços, ministérios designados e ministérios instituídos. Os ministérios ordenados classificam-se em três graus ou ordens: o diaconato, o presbiterado e o episcopado. Neste estudo vamos deter-nos apenas nos ministérios ordenados, ou seja, os que fazem parte do sacramento da ordem.

3.1. Diaconato

O diaconato é o primeiro grau da hierarquia na Igreja. Na Antigüidade foi um ministério de muito prestígio. Os diáconos estavam sujeitos ao bispo e eram considerados *os ouvidos, a boca, o coração e a alma do bispo; o anjo e o profeta do bispo*. Deviam *ser honrados como Jesus Cristo*, pois eles tinham *o lugar do Messias e como tal deviam ser amados*. Suas funções se orientavam mais na direção da caridade e da comunhão. Pedia-se deles um cuidado especial pelos doentes e pelos pobres. Por isso mesmo eram chamados amigos dos órfãos. [20]

3.2. Teologia do diaconato

O diácono encontra fundamento para o seu ministério e alimenta a sua existência, como ministro, na contemplação do mistério de Cristo Servidor.

Jesus Cristo é a realização plena da profecia do Servo de Iahweh, que *trará o julgamento às nações, proclamará o direito com firmeza, abrirá os olhos aos cegos e fará sair dos cárceres os prisioneiros e da prisão os que habitam nas trevas* (Is 42,1-7).

---

[20] POLICARPO DE ESMIRNA. Segunda carta aos filipenses, 5,2. In: AA.VV. *Padres apostólicos*. São Paulo, Paulus, 1995. p. 142; HIPÓLITO DE ROMA. *Tradição apostólica de Hipólito de Roma*, 39,34. Petrópolis, Vozes, 1971; _____. Les Constitutions Apostoliques, II, 30,1-2; 44,4, pp. 249 e 285. (Sources Chrétiennes, n. 320.)

O ministério do Servo nasce da Palavra de Deus:

O Senhor Iahweh me deu uma língua de discípulo para que eu soubesse trazer ao cansado uma palavra de conforto. De manhã em manhã ele me desperta, sim, desperta o meu ouvido para que eu ouça como os discípulos. O Senhor Iahweh abriu-me os ouvidos e eu não fui rebelde, não recuei (Is 50,4-5).

A dimensão de serviço se coloca no coração do mistério de Cristo (cf. Fl 2,7-8). O serviço de Jesus ao Pai se manifesta na pobreza. Paulo recorda que ele, *de rico que era, se fez pobre para enriquecer-nos de sua pobreza* (2Cor 8,9). Com Cristo a pobreza se torna o caminho da encarnação e da salvação.

O mistério de uma Igreja serva e pobre nasce da obediência ao mistério de Cristo Servo e Pobre. A constituição conciliar sobre a Igreja, *Lumen gentium*, chama a atenção, por três vezes, sobre a necessária correspondência entre Cristo, que consumou a obra da redenção na pobreza e perseguição, e a Igreja, para que de fato esta última comunique aos seres humanos os frutos da salvação (LG 8/22).

Como disseram os bispos latino-americanos em Puebla, *o carisma do diácono, sinal sacramental de "Cristo Servo", tem grande eficácia para a realização de uma Igreja servidora e pobre, que exerce sua função missionária com vistas à libertação integral do homem* (PUE 697-698).

O diácono exerce antes de tudo uma missão profética com as seguintes características:

a) Pela graça recebida na ordenação, o diácono é chamado a renovar na Igreja e para a Igreja o convite de Jesus a segui-lo na pobreza e, como ele, a sentar-se à mesa com os pecadores, os pobres, os sem-dignidade e os sem-esperança.

b) O diácono é chamado, ainda dentro dessa perspectiva, a um discernimento evangélico da injustiça e da violência no mundo, fazendo crescer na Igreja uma consciência profética que saiba pôr a força do Evangelho diante dos poderosos da história e dos sistemas opressivos, que marginalizam as pessoas na busca a que estas fazem de mais vida e mais dignidade.

c) O diácono tem como tarefa, dentro das situações concretas de conflito, anunciar a Palavra do Evangelho, com toda a simplicidade, mansidão e coragem.

A mesma visão que coloca o ministério do diácono como sinal sacramental de Cristo Servo e da Igreja servidora transforma-o também em servo da comunhão:

a) Servo da comunhão que vem do Pai, do Filho e do Espírito Santo. Esta comunhão é anunciada pela Palavra a todos os homens, tornada visível na comunhão com os pobres e celebrada no partir do pão.

b) Justamente porque ministro da Palavra anunciada e partilhada na eucaristia, o diácono é também servo de comunhão em meio aos pobres, os primeiros destinatários da Boa-Nova.

Outra conseqüência do fato de o diácono ser sinal sacramental do mistério de Cristo Servo e da Igreja servidora será o testemunho do serviço como dom e entrega de si mesmo, a ponto de dar a própria vida, se necessário for:

a) O testemunho do diácono se exprime mediante a escolha de meios pobres, refutando a lógica do poder, até mesmo do poder religioso.

b) O compromisso com a vida, a paz, o trabalho, a marginalização aparece hoje como questão decisiva.

O diácono, homem do Espírito, porque servo de Cristo Servo, na oração assídua e perseverante, saberá discernir o caminho correto que o Senhor pede dele e da sua Igreja, com base nas alegrias e sofrimentos dos homens e mulheres do mundo de hoje.

3.3. Presbiterado

Era tradicional na teologia, a partir da escolástica, e sobretudo de santo Tomás, ver no presbítero apenas o homem do sacrifício e definir sua natureza com base em suas relações com a eucaristia.[21]

Essa doutrina, qualificada como "definição escolástica do sacerdócio", foi definitivamente abandonada. Hoje, a teologia entende que o ministério de presbítero não pode ser considerado em si mesmo, isolado do corpo da Igreja, mas sim, como membro qualificado do povo de Deus, segundo a doutrina dos carismas e ministérios de são Paulo (cf. 1Cor 12,14-30). O ministério dos presbíteros só tem sentido na Igreja e para a Igreja (cf. PDV 16).

O presbítero, portanto, não é mais o único a presidir a eucaristia em nome de Cristo. Toda atividade executada por ele vai marcada pela sua função de presidente da comunidade eclesial. Em tudo o que faz como presbítero, é, e deve ser, sinal (instrumento vivo) de Cristo Cabeça para a sua Igreja. Nisso seu ser e sua ação se distinguem especificamente do ser e da ação do leigo na Igreja. De fato,

> *mediante a ordenação sacramental por meio da imposição das mãos e da oração consecratória por parte do bispo, estabelece-se no presbítero "um vínculo ontológico específico que une o sacerdote a Cristo, Sumo Sacerdote e Bom Pastor".*
>
> *[...]*
>
> *A identificação sacramental com o Sumo e Eterno Sacerdote insere o presbítero especificamente no mistério trinitário e, mediante o mistério de Cristo, na comunhão ministerial da Igreja para servir o povo de Deus* (DMVP 2).

---

[21] Cf. SANTO TOMÁS, *Suma Teológica*, Supl. 37,2, in corpore.

Essa doutrina é o cerne da teologia do presbítero. De um conceito de padre caracterizado apenas por seu poder sobre a eucaristia e demais sacramentos, passa-se ao conceito de um padre caracterizado por sua ação em nome de Cristo Cabeça. Dessa teologia depende toda a vida e ministério presbiteral, que passa a ser focalizada com base em cinco perspectivas: trinitária, cristológica, pneumatológica, eclesiológica e escatológica.

Trinitária: o presbítero, como prolongamento visível e sinal sacramental de Cristo, está inserido na dinâmica trinitária da salvação com uma responsabilidade especial:

> *A graça e o caráter indelével conferidos mediante a unção sacramental do Espírito Santo colocam o sacerdote em relação pessoal com a Trindade, uma vez que ela constitui a fonte do ser e do agir sacerdotal. Portanto, tal relação deve ser necessariamente vivida pelo sacerdote de maneira íntima e pessoal, em diálogo de adoração e de amor com as três pessoas divinas, consciente de que o dom recebido lhe foi dado para o serviço de todos* (DMVP 4-5).

Cristológica: sua ação deriva de Cristo, da sua santidade, da sua autoridade, do seu sacrifício. Ele, presbítero, está ontologicamente configurado a Cristo Sacerdote, Mestre, Santificador e Pastor do seu povo e em favor do seu povo (cf. DMVP 6).

Pneumatológica: sabe que o seu ministério e a entrega de si mesmo como dom para a salvação de seus irmãos são sustentados pelo poder do Espírito Santo, recebido na ordenação pela imposição das mãos. Iluminado pela luz do Espírito Santo, o presbítero exerce também a missão profética de anunciar e explicar com autoridade a Palavra de Deus.

Eclesiológica: tudo é realizado para o povo de Deus e em nome de toda a Igreja. O presbítero está ligado à Igreja por um amor semelhante ao de Cristo, consagrando a ela todas as suas energias.

Escatológica: qualquer ação do presbítero tende à glória de Deus e ao aumento da vida divina nas pessoas. Esta vida divina promana da Páscoa de Cristo e há de consumar-se no glorioso advento do mesmo Senhor, quando ele entregar o Reino a seu Deus e Pai (cf. PO 2/1146).

3.4. O ministério dos presbíteros

O presbítero tem como primeira tarefa anunciar o Evangelho de Deus a todos. No Novo Testamento, a proclamação da Palavra é, sem dúvida, uma das atividades essenciais de quem exerce o ministério da direção da Igreja. O próprio Cristo afirma que esse ministério foi o objetivo de sua missão na terra. *Tu o dizes, eu sou rei. Para isso nasci e para isto vim ao mundo: para dar testemunho da verdade* (Jo 18,32). *Vamos a outros lugares, às aldeias da vizinhança a fim de pregar também ali, pois foi para isso que eu vim* (Mc 10,6-7). Os apóstolos também tinham uma consciência muito viva de sua responsabilidade em relação à Palavra. Entre a necessidade de atender os órfãos e as viúvas e a de obedecer a ordem de anunciar o Evangelho, propuseram à comunidade a instituição de um outro ministério encarregado de servir as mesas. A eles não era conveniente que abandonassem a Palavra de Deus. Pelo contrário, deviam permanecer *assíduos na oração e no ministério da Palavra* (cf. At 6,1-7). O apóstolo Paulo coloca o ministério da Palavra como a primeira de suas obrigações (cf. 1Cor 1,17). É um ministério que deve ser exercido no tempo oportuno e também no inoportuno (cf. 2Tm 4,2), e quem o exerce merece até uma dupla remuneração (cf. 1Tm 5,17).

A segunda tarefa do presbítero diz respeito à celebração dos sacramentos, com especial atenção para a celebração da eucaristia. É o múnus de santificar. Pelos sacramentos, em especial pela eucaristia, os presbíteros, como ministros de Cristo, atualizam o múnus sacerdotal de Jesus Cristo e possibilitam a santificação de homens e mulheres (cf. PO 5/1150).

A terceira tarefa do presbítero consiste em apascentar o povo de Deus, organizando visivelmente a comunidade, garantindo a assiduidade à Palavra, o crescimento da vida fraterna, a constância na oração e na fração do pão (cf. At 2,42), no exercício dessa função. O Concílio Vaticano II pede que os presbíteros se conduzam com todos na mais nobre humanidade, a exemplo do Senhor, tratando as pessoas, não segundo o agrado dos homens, mas segundo as exigências da doutrina e vida cristã, ensinando-as e admoestando-as como a filhos os mais caros (cf. PO 6/1155).

3.5. Episcopado

O episcopado é uma instituição que vem dos apóstolos e, conforme atesta a tradição, ocupa o lugar principal *entre os vários ministérios que desde os primeiros tempos são exercidos na Igreja* (LG 20/47). Por meio da ordenação ou sagração episcopal, confere-se ao eleito a *plenitude do sacramento da ordem* (LG 21/50). Os bispos, portanto, *por instituição divina, sucederam aos apóstolos como pastores da Igreja* e, *pelo poder do Espírito Santo que lhes foi dado,* são *verdadeiros e autênticos mestres da fé, pontífices e pastores. Quem os ouve, ouve a Cristo, mas quem os despreza, despreza Cristo e Aquele que a Cristo enviou* (CD 2/1015; LG 20).

Embora não seja uma definição dogmática, esta doutrina, na opinião de muitos teólogos, é a principal aquisição do Concílio Vaticano II na área da teologia dos sacramentos. Antes do concílio, a opinião teológica mais divulgada identificava o episcopado com o presbiterado. Com base em alguns escritos de são Jerônimo e de um autor anônimo que se convencionou chamar Ambrosiáster, os defensores dessa tese distinguem o poder de ordem do poder de jurisdição. Assim sendo, enquanto se afirma a autoridade do bispo sobre o presbítero pelo poder de jurisdição, defende-se a igualdade de ambos pelo poder de ordem que era compreendido como a capacidade ministerial para consagrar o corpo e o sangue do Senhor.[22]

A doutrina da sacramentalidade do episcopado ganhou força um pouco antes do Concílio Vaticano II. J. Lecuyer foi um de seus maiores defensores. Segundo esse autor, a consagração episcopal é um rito sacramental e o episcopado é o sacramento da Ordem em sua plenitude. Não é possível, argumenta J. Lecuyer, afirmar que a ordenação episcopal de um presbítero seja um simples sacramental, quando toda a tradição atesta que a ordenação episcopal de um diácono ou de um leigo confere-lhes a graça do sacerdócio em sua plenitude.[23] Além disso, todos os textos litúrgicos, sem exceção, desde a *Tradição Apostólica* de Hipólito, supõem que é durante o rito que se realiza a consagração em que o eleito recebe o Espírito Santo, o qual marca aquele com a plenitude do sacerdócio.

3.6. Funções episcopais

O bispo, antes de tudo, é um "servidor". A tentação de querer ser "o maior" e de buscar os próprios interesses já vem do tempo dos apóstolos (cf. Lc 22,24). Os Santos Padres lembram com freqüência a necessidade de o bispo saber que, antes de tudo, é um servidor.

Santo Agostinho, para realçar esse pensamento, afirma que "bispo" é um designativo de trabalho, e não de dignidade. Numa outra ocasião, tratando do mesmo tema, diz que não serve para presidir, nem a eucaristia, nem a comunidade, o bispo que não tiver dentro de si a disposição de servir.[24]

No exercício de seu ministério, o bispo precisa ser muito consciente da sua fragilidade e pecaminosidade. Tanto o povo de Deus confiado ao seu pastoreio quanto a graça do ministério que lhe foi conferido são tesouros preciosos que ele carrega em vasos de argila (2Cor 4,7). Antes de ser bispo, ele é um ser humano, necessitado, como os demais, da misericórdia de Deus e da compreensão dos seus primeiros colaboradores, os presbíteros, e de todos os fiéis.

Depois de ensinar que o bispo, pela ordenação, participa em plenitude do sacramento da ordem, o Concílio Vaticano II recorda que a ordenação também lhe concede a graça do Espírito Santo, a qual o identifica a Cristo e o constitui verdadeiro e autêntico mestre, pontífice e pastor, conferindo-lhe o múnus de ensinar, santificar e reger (cf. LG 21/50).

---

[22] O pensamento de são Jerônimo sobre essa questão encontra-se nas cartas 69 e 146 e no seu *Comentário à carta a Tito*, e o de Ambrosiáster em duas obras: *Questões do Antigo e do Novo Testamentos* e *Comentários às cartas paulinas.*

[23] LECUYER, J. Orientation présentes de la théologie de l'épiscopat. In: AA.VV. *L'episcopat et l'église universelle.* Paris, Cerf, 1962. p. 786.

[24] *Sermão 340 A.*

a) Bispo mestre: A exemplo dos apóstolos, que julgavam não ser conveniente abandonar a Palavra de Deus para servir as mesas, também o bispo deve ter como um de seus principais deveres o ofício, ressaltado com muita força pelo rito de ordenação, de ensinar e pregar o Evangelho. Enquanto é feita a oração consecratória, dois diáconos seguram o livro dos evangelhos sobre a cabeça do que está sendo ordenado. Na homilia é lembrado que, *pelo ministério do bispo, Cristo continua a proclamar o Evangelho*, por isso ele deve *pregar a Palavra de Deus, quer agrade, quer desagrade e deve admoestar com paciência e desejo de ensinar*. O pregador é também um crente. Ele precisa alimentar sua fé com a Palavra antes de pregar. Deve, por isso, ser um ouvinte da Palavra e ter consciência de que é ministro, não de sua própria palavra, mas sim da Palavra de Deus.

b) Bispo pontífice: Do bispo como administrador da graça do supremo sacerdócio, deriva e depende, de algum modo, a vida dos seus féis em Cristo. Assim como a liturgia não esgota toda a ação da Igreja, mas é o seu ápice e fonte donde emana toda a sua força, assim também a *função do bispo, como pontífice e presidente da comunidade, assembléia orante, constitui o ápice e a fonte de todos os outros ministérios* (DPB 75). É nesse ministério que mais transparece a identidade do bispo.[25] Estamos também aqui diante de um ministério pedagógico, pois segundo o decreto *Christus Dominus*, sobre o múnus pastoral dos bispos na Igreja, compete ao bispo: 1) esforçar-se para que os fiéis adquiram conhecimento mais profundo do mistério pascal; 2) trabalhar para que todos vivam unânimes na oração e cresçam na graça pela recepção dos sacramentos; 3) aplicar-se na promoção da santidade dos clérigos, religiosos e leigos; 4) dar exemplo de santidade na caridade, humildade e simplicidade de vida; 5) fomentar as vocações sacerdotais e religiosas (cf. CD 15/1046-1047; cf., também, DPB 82-83).

c) Bispo pastor: *A função ministerial dos bispos completa-se no ofício de ser guia da porção do povo que lhe é confiada.*[26] O rito de ordenação dá grande destaque a essa função. Na oração de ordenação se pede ao Pai que conceda ao eleito a graça de apascentar o rebanho. Na homilia afirma-se que, mediante esse ministério exercido pelo bispo com sabedoria e prudência, o próprio Cristo conduz os fiéis nessa peregrinação terrena até a felicidade eterna. Recorda-se em seguida ao bispo que, na condução do rebanho, deve ter sempre diante de si a imagem do Bom Pastor, que conhece suas ovelhas e é por elas conhecido e que não hesitou em dar a vida pelo rebanho.

---

[25] Cf. VAGAGGINI, C. O bispo e a liturgia. *Concilium* 2 (1965), p. 15.
[26] SÍNODO DOS BISPOS, *X Assembléia geral ordinária – lineamenta*, 67.

O bispo deve estender o seu cuidado pastoral a todos, mas seu amor de pai e irmão deve dirigir-se aos seus colaboradores mais imediatos, os presbíteros e os diáconos. Jamais poderá esquecer-se dos pobres, dos doentes, dos peregrinos e dos migrantes. No exercício de seu pastoreio deve fazer-se ajudar pelos fiéis, ouvindo-os de boa mente e incentivando-os a ser seus colaboradores na missão apostólica. Enfim, o bispo deve estender a sua caridade pastoral também àqueles que ainda não pertencem ao rebanho de Cristo (ROB, homilia).

3.7. Colegialidade episcopal

Durante a homilia de ordenação, o bispo ordenante por duas vezes lembra a colegialidade dos bispos. A primeira vez, quando pede aos fiéis para que recebam, *com alegria e ação de graças, este nosso irmão que nós, bispos aqui presentes, associamos ao colégio episcopal pela imposição das mãos*. A segunda, quando, dirigindo-se diretamente ao eleito, pede para que este último não se esqueça de que a partir de agora começa a fazer parte *do colégio dos bispos no seio da Igreja universal unida pelo vínculo da caridade* (ROB, homilia).

A colegialidade dos bispos é de direito divino. *Por instituição e preceito divinos cada qual, junto com os demais bispos, é responsável pela missão apostólica da Igreja* (CD 6/1023). O bispo, portanto, só é bispo na qualidade de membro do colégio episcopal em cujo seio foi inserido em virtude da ordenação, a qual, por sua vez, só lhe foi conferida depois de ele ter declarado sua disposição de permanecer na comunhão hierárquica com o chefe e os membros do colégio.

O Concílio Vaticano II apresenta quatro razões que fundamentam a realidade da colegialidade episcopal: a vontade de Cristo; a tradição disciplinar; os concílios ecumênicos; o rito de ordenação (LG 22/51).

O colégio dos bispos possui uma autoridade suprema no seio da Igreja e a exerce de diversas formas: solenemente em concílios ecumênicos; de forma menos solene, em outras ações colegiais como os sínodos; e de maneira mais ordinária, por meio das conferências episcopais e suas comissões e secretariados.

As conferências episcopais são instituições recentes e têm como finalidade *contribuir com múltipla e fecunda força para que o afeto colegial seja levado a uma aplicação concreta* (LG 23/56). Por meio das conferências, é fomentado de maneira excelente o espírito de comunhão com a Igreja universal e das Igrejas particulares entre elas mesmas. As conferências foram instituídas pelo Concílio Vaticano II, no decreto *Christus Dominus*, sobre o múnus pastoral dos bispos na Igreja, e podem ser comparadas com os patriarcados do primeiro milênio no Ocidente e os ainda hoje existentes no Oriente (cf. CD 37/1122).

4. SACRAMENTO DO MATRIMÔNIO

O matrimônio é um dos sete sacramentos da Igreja. Não, porém, como os outros. Desde o século XII, quando a teologia dos sacramentos foi sistematizada, os teólogos observam que, enquanto os demais sacramentos conferem a graça, o matrimônio já a contém em si mesmo. Noutras palavras, o matrimônio "é um sinal representativo", não "efetivo", da união de Cristo com sua Igreja.[27] O sacramento do matrimônio também se distingue dos demais sacramentos pelo fato de não ser uma instituição diretamente eclesial. É, antes de tudo, uma instituição natural a qual o sacramento dá uma realização perfeita. Até hoje, os ministros do sacramento são os noivos, e sua "matéria" é a realidade do matrimônio em si mesma, na sua essência humana, tal como é humanamente vivida entre o homem e a mulher. Somente o consentimento dos noivos é estritamente necessário para que o matrimônio seja sacramento (cf. DS 643). A bênção da testemunha qualificada por parte da Igreja é um simples sacramental[28] e por isso mesmo, até certo ponto, facultativa. No fundo, o matrimônio sempre foi e continua sendo uma "realidade terrestre" com consistência própria e um ato familiar, sem maiores relações com atos de culto reservados aos sacerdotes. Até mesmo o decreto *Tametsi* do Concílio de Trento (cf. DS 1813-1814), que declara inválido o matrimônio que não for feito *in facie Ecclesiae*, ou seja, diante de um padre e de duas testemunhas, cuida para não tocar no consentimento, essência do matrimônio, sobre o qual a Igreja reconhece não ter poder.

4.1. Fé e sacramento

Todos os sacramentos são sacramentos da fé. No sacramento do matrimônio, porém, por causa de sua "matéria", a realidade mesma do matrimônio *in officium naturae*, aparece de forma mais clara que somente a fé faz a diferença, ou seja, somente a fé dá ao consentimento dos noivos a especificidade de sacramento (cf. RM 7). O consentimento dos noivos faz o matrimônio, e a fé faz o matrimônio ser sacramento.[29]

A fé, portanto, é tanto constitutiva da sacramentalidade do matrimônio quanto exigência de sua indissolubilidade; não o é, porém, de sua validade. Para que o matrimônio seja válido, exige-se apenas que os noivos sejam batizados, independentes de serem ou não crentes. Essa teologia tem causado perplexidade em pastores e teólogos, os quais propõem que ela seja revisada, pois, sem dúvida, está carregada de um forte sotaque jurídico e provoca sérios problemas pastorais expressos até no *Sínodo dos Bispos sobre a Família,* em 1980, com estas palavras: *É preciso examinar mais*

---

[27] Santo Tomás, *Suma Teológica*, Supl., q. 42, a.1, ad 4.
[28] Idem, ibidem, q. 42, a.1, ad 1.
[29] Cf. Boff, L. O sacramento do matrimônio. *Concilium* 87 (1973), p. 803.

profundamente se a afirmação, segundo a qual um matrimônio válido entre batizados é sempre sacramento, se aplica também àqueles que perderam a fé.[30] A Comissão Teológica Internacional também se declara incompetente para dar uma resposta satisfatória.[31]

Não é fácil diagnosticar quando uma pessoa tem ou não fé, ou se opõe radicalmente a Cristo. Não basta, certamente, a falta de prática religiosa. Em todos os casos, pareceria mais lógico não considerar sacramento um matrimônio válido entre "batizados não-crentes". Se a fé não se faz presente não há por que pretender, em nome de um batismo, de fato negado, um automatismo sacramental. A busca de um sapiente e equilibrado discernimento pastoral não pode sacrificar as exigências nem da verdade, nem da caridade:

> *Se, porém, apesar de todo o esforço, os noivos clara e expressamente afirmem rejeitar o que a Igreja exige, quando se celebra um matrimônio entre batizados, não é lícito ao pastor admiti-los à celebração; ainda que cause revolta, os noivos devem reconhecer o fato; e o pastor deve persuadi-los de que não é a Igreja, mas eles mesmos que estão criando embaraços, em tais circunstâncias, à celebração pedida por eles* (RM 21).

4.2. Indissolubilidade do matrimônio

A indissolubilidade do matrimônio está em relação direta com sua sacramentalidade, ou seja, o matrimônio se torna indissolúvel quando for assumido na fé como imagem, sacramento e testemunho do amor esponsal e indissolúvel entre Cristo e a Igreja. De um amor conjugal que implicasse o divórcio seria impossível fazer um sinal ou sacramento do mistério de amor que une Cristo como Redentor à sua Igreja.[32]

A indissolubilidade nasce da realidade natural-antropológica do matrimônio. *O amor conjugal exige que o matrimônio seja de um com uma e para sempre.*[33] Autores modernos, por razões de ordem psicossociais, chegam a essa mesma conclusão.[34] Segundo esses autores, o dom recíproco de duas pessoas possui em si mesmo a tendência para o definitivo. O bem dos filhos e dos próprios cônjuges traz em si a exigência da indissolubilidade matrimonial e a obrigação moral de conservá-la e de solidificá-la, como

---

[30] Proposição 12, em Proposiciones del sínodo sobre la familia. *Phase* 124 (1981), p. 326.

[31] Comissão Teológica Internacional. La doctrine catholique sur le sacrement du mariage. In: _____. Textes *et documents (1969-1985).* Paris, Cerf, 1998. p. 180.

[32] Comissão Teológica Internacional, La doctrine catholique sur le sacrement du mariage, cit., p. 179.

[33] Santo Tomás, *Summa contra gentiles*, III, caps. 123-124.

[34] Bernárdez Cantón, A. El divorcio en el concilio vaticano II y en la doctrina actual. Tendecias divorcistas actuales. Critica. In: AA.VV. *El vínculo matrimonial. Divorcio o indisolubilidad?* Madrid, BAC, 1978. pp. 513-572; Dalla Torre, G. L'indissolubilità intrinseca del matrimonio nella concezione cristiana del diritto naturale. *Persona y Derecho* 1 (1974), pp. 191-210.

muito bem lembra o Concílio Vaticano II: *Essa união íntima, doação recípro-ca de duas pessoas, e o bem dos filhos exigem a perfeita fidelidade dos cônjuges e sua indissolúvel unidade* (GS 48/350).

No entanto, a indissolubilidade, considerada apenas do ponto de vista natural-antropológico, não é absoluta. Como demonstram muitos autores, as mesmas razões — o bem dos filhos e dos próprios cônjuges — que se apresentam para exigir a indissolubilidade podem também ser alegadas pelos que defendem a solubilidade.

A indissolubilidade absoluta é obra do Espírito Santo e só pode ser com-preendida e vivida sob a luz deste mesmo Espírito, gravada no coração dos es-posos pela celebração do sacramento do matrimônio (cf. FC 63 e 1Cor 2,10.12).

Pelo sacramento do matrimônio, o Espírito Santo, na qualidade de amor do Pai e do Filho, transforma o amor do homem e da mulher, gera neles um coração novo e torna-os capazes de participar do amor esponsal que liga indissoluvelmente Cristo à sua Igreja.

Tocados pela graça que foi derramada no coração deles pelo Espírito Santo (cf. Rm 5,5), os esposos cristãos já não sentem a moral conjugal cris-tã como peso ou imposição exterior, mas como exigência normal a quem se dispõe a seguir os passos do Mestre, que foi capaz de derramar seu sangue até a última gota por sua esposa, a Igreja, e, dessa forma, vê-la gloriosa, sem ruga, santa e imaculada (cf. Ef 5,25-27).

Por este sacramento, o Espírito Santo faz com que, assim como Cristo amou a Igreja e se entregou por ela, também os cônjuges cristãos, por uma dignidade igual, por uma doação mútua e por um amor inquebrantável, que brota da divina fonte da caridade, esforcem-se por viver e alimentar a sua união, de modo que, unidos o humano e o divino, permaneçam fiéis de cor-po e alma, na alegria e na tristeza, afastados totalmente de toda espécie de adultério e divórcio (cf. RM 9).

4.3. Liturgia matrimonial

No início da Igreja, os cristãos não tinham cerimônia própria para cele-brar o matrimônio. Seguiam os costumes civis, sem maiores problemas. Conforme o testemunho da *Carta a Diogneto*, escrita por volta do século III, os cristãos *casavam-se como todos os homens*.

A partir do século IV, com a participação mais freqüente dos sacerdotes nas festas de núpcias, os pais de família cedem-lhes a função de abençoar os matrimônios. Nada, porém, era obrigatório. Do século V em diante, a celebração passa, aos poucos, das casas para as igrejas. Os ritos se de-senvolvem e a presidência começa a ser exclusiva dos sacerdotes. Mas tudo continua sem nenhuma obrigatoriedade. Somente no século X o casa-mento passou a ser celebrado com liturgia própria e regulamentado pela legislação da Igreja.

Até o Concílio de Trento, com a ausência de um ou de outro, conforme a região, a liturgia do matrimônio constava dos seguintes elementos:

a) *Dar-se as mãos*, símbolo do mútuo compromisso e da fidelidade. Em muitos lugares, o padre nesse momento colocava a estola em forma de cruz sobre as mãos dos noivos e pronunciava uma bênção.

b) *Entrega do véu e a bênção dos esposos*, que variava de lugar para lugar. Em algumas regiões o véu cobria apenas a noiva. Em outras, o véu era posto também sobre o noivo. A bênção em alguns lugares foi considerada como fórmula sacramental.

c) *Entrega das alianças* como símbolo permanente de um compromisso permanente. As alianças eram geralmente abençoadas. Em alguns lugares era entregue somente à noiva.

d) *Leitura da "carta nupcial"*, em que constava o dote entregue pelo noivo em favor da esposa, para que não ficasse desamparada numa possível viuvez.

e) *Entrega do dote* feito imediatamente após a leitura da carta nupcial. As orações que acompanhavam o rito espiritualizavam o gesto e pediam que Deus abençoasse os esposos com a riqueza de suas graças.

f) *O beijo nupcial*, que variava de lugar para lugar. Às vezes era dado antes da comunhão, às vezes depois do consentimento e da entrega das alianças.

g) *A refeição e a taça comum*, que constava da partilha de alguns pães e de um pouco de vinho na saída da igreja ou na entrada da casa, antes da bênção da câmara nupcial. Partilhar pão e vinho significava partilhar o amor e a ajuda mútua. O rito era geralmente acompanhado por uma oração de bênção em que se fazia alusão à multiplicação dos pães e às bodas de Caná.

h) *Bênção da câmara nupcial*, que era o rito conclusivo. Em muitas regiões este era o rito sacramental. Constava de incensação e aspersão com água benta enquanto se pedia a proteção de Deus contra os espíritos malignos, a fim de que as paixões e os prazeres deste mundo não fizessem esquecer os valores que duram eternamente.

O Concílio de Trento, sem querer suprimir os rituais particulares, determinou uma reforma litúrgica que se concretizou com a edição do ritual de Paulo V, em 1614, e aos poucos foi uniformizando a celebração do matrimônio. Nesse ritual, simplificaram-se as cerimônias e acentuou-se bastante o papel do padre em detrimento dos esposos. Toda a celebração passou a ser feita dentro da igreja. Os noivos, de joelhos diante do altar, davam-se o seu consentimento com um *sim* à pergunta feita pelo padre. Em seguida, estando os noivos de mãos dadas, o padre confirmava a união com a fórmula: *Eu vos declaro marido e mulher, em nome do Pai, do Filho e do*

Espírito Santo, aspergindo os noivos com água benta. Os noivos *trocavam-se* então as *alianças* abençoadas pelo padre. Seguia-se a bênção nupcial após o pai-nosso.

O Concílio Vaticano II determinou a revisão e reforma do rito do matrimônio com estas palavras:

> *O rito do matrimônio, que se encontra no ritual romano, seja revisto e enriquecido. Deve mostrar mais claramente a graça do sacramento e inculcar as obrigações dos cônjuges. Se alguns países têm outros louváveis costumes e cerimônias para a celebração do matrimônio, o santo sínodo deseja ardentemente que de todo se conservem [...]. Habitualmente, celebre-se o matrimônio dentro da missa, após a leitura do evangelho e homilia, antes da oração dos fiéis. A oração sobre a noiva seja convenientemente revista, a fim de inculcar os deveres comuns de mútua fidelidade de ambos os esposos (SC 77-78).*

A Sagrada Congregação dos Ritos, tentando responder às orientações dadas pelo concílio, já em 1969 promulgou a nova edição típica do rito do matrimônio. Sua intenção foi oferecer um modelo de referência que pudesse inspirar a elaboração de rituais inculturados às diversas realidades regionais e culturais. A segunda edição típica foi promulgada em 1990 pela Congregação para o Culto Divino e a Disciplina dos Sacramentos. Essa nova edição atualiza a anterior e introduz algumas modificações significativas, estimulando a proposta de inculturação já presente na primeira. Enfatiza a índole comunitária da celebração, sugerindo até que seja feita na assembléia dominical. Na introdução, lembra que se devem destacar os principais elementos da celebração: a liturgia da Palavra, o consentimento dos nubentes, a oração de bênção sobre os noivos e a comunhão eucarística dos noivos. Orienta também que o matrimônio entre uma pessoa católica com uma não-católica seja celebrado fora da missa. Para o matrimônio entre uma pessoa católica e um catecúmeno ou um não-cristão, deve-se usar um rito próprio. O novo ritual traz ainda um rito próprio para a "celebração do matrimônio diante de um assistente leigo".

Em 1991 o episcopado brasileiro aprovou um rito do matrimônio adaptado à realidade brasileira, mas sempre com o cuidado de respeitar a estrutura essencial do ritual típico. A novidade consiste num maior envolvimento dos noivos, dos familiares e de toda a comunidade, bem como no uso de uma linguagem mais simples e familiar.

Resumindo

• *Os sacramentos são celebrações da irrupção de Deus na vida das pessoas e das comunidades humanas, chamando-as para assumir com ele a construção ou reconstrução do Reino.*

• *Com o pecado, a criação volta ao caos, ao nada. O sacramento da penitência celebra o perdão de Deus, que tudo recria, e a conversão do ser humano, que, aceitando o perdão, dispõe-se mais uma vez a realizar em sua história pessoal e comunitária, mesmo que seja de forma parcial, a concretização do Reino.*

• *Os três ritos apresentados pelo* Ritual da penitência *não conseguem expressar toda a riqueza do processo de reconciliação. Não se poderia por isso buscar novos ritos que, sem substituir os atuais, complementassem-nos?*

• *Numa visão anterior ao Concílio Vaticano II, o sacramento da unção dos enfermos, então chamado extrema-unção, era o sacramento que consagrava a morte. Hoje, esse sacramento consagra o batizado, na condição de doente ou de idoso, para que se comprometa na luta pela dignidade das pessoas idosas e contra as doenças e suas causas, contribuindo, dessa forma, com a construção do Reino.*

• *Mediante o sacramento da ordem, alguns cristãos são consagrados para estar à frente da comunidade, animando e articulando todo o processo de busca e construção do Reino.*

• *O matrimônio é uma instituição natural elevada por Cristo à categoria de sacramento. Por meio dele o Espírito Santo transforma o amor do casal cristão para que este último realize, como casal e família, o Reino, ou seja, para que já não sejam mais dois, mas uma só carne, plenamente reconciliados.*

Para pensar, trocar idéias e experiências

Converse com as pessoas sobre estes quatro sacramentos da vida cristã: reconciliação, unção dos enfermos, ordem e matrimônio.

1. Quais são as suas idéias, os seus costumes? Por que as pessoas procuram essas celebrações?

2. Como eles são celebrados onde você mora?

3. Compare os resultados de sua observação com o texto e veja quais são os possíveis caminhos para a ação evangelizadora.

Bibliografia complementar

a) Textos oficiais

CIC: *Os sacramentos de cura* (1420-1532); *Os sacramentos do serviço da comunhão* (1533-1666).

Pontifical Romano, *Ordenação de bispos, presbíteros e diácono*, pp. 55-240.

Ritual da unção dos enfermos e sua assistência pastoral.

Ritual do matrimônio.

Ritual da penitência.

b) Outros

AA.VV. *Anámnesis*. São Paulo, Paulinas, 1989. v. 1 (Os sacramentos: teologia e história da celebração).

AA.VV. *Liturgia e terapia*; a sacramentalidade a serviço do homem na sua totalidade. São Paulo, Paulinas, 1998.

ARNAU, R. *Orden y ministerios. Madrid,* BAC, 1995.

BOFF, L. O sacramento do matrimônio. *Concilium* 87 (1973), pp. 796-806.

BOROBIO, D. (org.). *A celebração na Igreja.* São Paulo, Loyola, 1993. v. 2 (Sacramentos).

COLOMBRO, G. Matrimônio. In: *DILI*, pp. 707-716.

_____. Unção dos enfermos. In: *DILI*, pp. 1203-1213.

FERRARO, G. Ordem/ordenação. In: *DILI*, pp. 826-840.

LECUYER, J. *Le sacrement de l'ordination*; recherche historique et théologique. Paris, Beauchesne, 1983.

ORTEMANN, C. *A força dos que sofrem*; história e significação do sacramento dos enfermos. São Paulo, Paulus, 1978.

RAMOS-REGIDOR, J. *Teologia do sacramento da penitência*. São Paulo, Paulinas, 1989.

VISENTIN, P. Penitência. In: *DILI*, pp. 920-937.

Capítulo quarto

OS SACRAMENTAIS

Manoel João Francisco

Na Igreja, nem tudo que é sacramental se reduz aos sete sacramentos. Aliás, antes do século XII, o termo sacramento era aplicado a toda espécie de cerimônia religiosa. Santo Agostinho, por exemplo, considerava sacramento desde o pai-nosso até o batismo e a eucaristia. A partir do século XII, no entanto, a reflexão teológica sobre os sacramentos começa a ser sistematizada, passando-se a distinguir, desde essa época, os sacramentos dos sacramentais.

Segundo o Concílio Vaticano II,

> *os sacramentais são sinais sagrados pelos quais, à imitação dos sacramentos, são significados efeitos principalmente espirituais, obtidos pela impetração da Igreja. Pelos sacramentais os homens se dispõem a receber o efeito principal dos sacramentos e são santificadas as diversas circunstâncias da vida* (SC 60/621).

Os sacramentais, como diz a definição, são "imitação dos sacramentos". Têm, portanto, alguma semelhança com os sacramentos, mas, ao mesmo tempo, deles diferem. Enquanto os sacramentos foram instituídos por Cristo, os sacramentais são ações da Igreja. Enquanto os sacramentos dão prioridade a determinados momentos da vida, os sacramentais permeiam todas as circunstâncias e situações da existência, relacionando-as com o mistério pascal. Conforme a doutrina do Concílio de Trento, os sacramentos são sete, os sacramentais, por sua vez, não têm limite de número e estão em constante evolução. Como diz o Concílio Vaticano II, *quase não há uso honesto de coisas materiais que não possa ser dirigido à finalidade de santificar o homem e louvar a Deus* (SC 61/622). Dentro dessa perspectiva, o mesmo concílio diz que segundo a exigência das necessidades é possível *acrescentar novos sacramentais* (SC 79/648). Fazendo uso e uma analogia com a astronomia, alguns teólogos representam a relação entre mistério salvífico de Cristo, sacramentos e sacramentais da seguinte maneira: os sacramentos (planetas) giram em torno do mistério salvífico de Cristo (estrela), enquanto os sacramentais (satélites) giram em torno dos sacramentos (planetas). Mas existem também sacramentais que não estão em relação direta com os sacramentos. Estes podem ser comparados aos asteróides, que giram diretamente em redor do Sol.[1]

Os sacramentais dividem-se em três grandes categorias: as bênçãos, as consagrações (consagração ou dedicação de uma igreja, de um altar, de um cálice; consagração de uma virgem; bênção de um abade ou abadessa; profissão de um monge ou monja, de um religioso ou religiosa; instituição de um ministro ou ministra) e os exorcismos.

1. BÊNÇÃOS

As bênçãos são os sacramentais mais comuns e mais celebrados. Não é um rito exclusivamente cristão, nem tampouco católico. Encontram-se bênçãos em todas as religiões. Pedem-se bênçãos para tudo e para todos, e nas mais diversas circunstâncias. São muitos os ministros de bênçãos. Os pais abençoam os filhos; os avós, os netos; os tios, os sobrinhos; os padrinhos, os afilhados; os benzedores e benzedeiras, os clientes; os padres e pastores, os fiéis e seus pertences, e tantos e tantas que abençoam e são abençoados. Em sua grande maioria, as pessoas, quando pedem bênçãos, estão pedindo a proteção divina para si mesmas, seus entes queridos, suas propriedades e bens de estimação.

Os católicos distinguem as bênçãos oficialmente estabelecidas pela Igreja, que se encontram nos livros litúrgicos, das que não são oficialmente estabelecidas e correspondem ao gênero dos exercícios piedosos e da devoção popular. Entre as que são oficialmente estabelecidas, algumas reservam-se ao bispo, outras competem aos presbíteros e diáconos e outras enfim podem ser ministradas por leigos e leigas. *Quanto mais uma bênção se referir à vida eclesial e sacramental, tanto mais sua presidência será reservada ao ministério ordenado* (CIC 1669).

1.1. Raízes bíblicas das bênçãos

As bênçãos são gestos que têm suas raízes na Bíblia. Nela aprendemos que Deus é fonte de toda bênção. Foi ele quem nos abençoou com toda a sorte de bênçãos espirituais, nos céus em Cristo (cf. Ef 1,3). Por ele, somos chamados a ser "bênção"(cf. Gn 12,2; 18,18). Por ele, somos orientados a abençoar (cf. Lc 6,28; Rm 12,14; 1Cor 4,12; 1Pd 3,9).

Deus, fonte de toda bênção, serve-se de pessoas humanas para abençoar, especialmente dos pais e dos sacerdotes. Os pais abençoam os filhos por ocasião do casamento (cf. Gn 24,60; Tb 7,10-13), quando os filhos saem de viagem (cf. Gn 28,6; 32,1) e quando eles mesmos, os pais, vêem que a

---

[1] Cf. NICOLAU, M. *Teologia del signo sacramental*. Madrid, BAC, 1969. p. 300

morte está aproximando-se (cf. Gn 27; 49; Dt 33). Quando o povo vai em peregrinação para o templo, são os sacerdotes que abençoam os peregrinos. *Bendito o que vem em nome de Iahweh. Da casa de Iahweh nós vos abençamos* (Sl 118/117,26). *Que Iahweh te abençoe de Sião, ele que fez o céu e a terra* (Sl 134/133,3). O sacerdote Eli, todos os anos, quando Elcana e sua esposa, Ana, iam ao templo oferecer o sacrifício anual, abençoava-os com estas palavras: *Que Iahweh te dê descendência por meio desta mulher, em pagamento do empréstimo que ela fez a Iahweh* (1Sm 2,18-21). *Iahweh falou a Moisés e disse: "Fala a Aarão e a seus filhos e dize-lhes: Assim abençoareis os filhos de Israel. Dir-lhes-eis: 'Iahweh te abençoe e te guarde! Iahweh faça resplandecer o seu rosto sobre ti e te seja benigno! Iahweh mostre para ti a sua face e te conceda a paz!'"* (Nm 6,22-26).

Fugindo de qualquer tipo de pensamento mágico, a Bíblia nos ensina que a bênção é puro dom concedido por Deus, mas sob a condição de que a sua vontade seja cumprida (cf. Dt 11,26-28; cf. Dt 30,15-20).

O efeito da bênção é a presença divina e a sua proteção para a pessoa abençoada. Por isso o que foi abençoado por Deus não precisa temer nada. Deus o protegerá em qualquer circunstância. Ninguém lhe poderá fazer mal. Balaão, chamado por Balac, rei de Moab, para amaldiçoar Israel, não conseguiu. Em vez de amaldiçoar, mesmo contra a sua vontade, acabou abençoando (cf. Gn 23,7-10.20-24; 24,4-9.17-19). *Se Deus está conosco, quem estará contra nós? Quem não poupou o seu próprio Filho e o entregou por todos nós, como não nos haverá de abençoar em tudo junto com ele?* (Rm 8,32).

1.2. Sentido teológico das bênçãos

A bênção é dom gracioso de Deus-Trindade em favor de seus filhos e de todas as suas criaturas. A bênção tem sempre dois movimentos e três momentos. Um movimento de descida e outro de subida. No primeiro momento, a ação parte de Deus, que, por Cristo e no Espírito Santo, abençoa seus filhos e filhas, bem como todas as outras criaturas. No segundo momento, a ação é do ser humano, que, por Cristo e no Espírito Santo, devolve a bênção, agradecendo, bendizendo e louvando, ao mesmo tempo que confessa a bondade e a santidade do Pai. Esse momento caracteriza-se como memorial alegre das *mirabilia Dei*. No terceiro momento, a ação continua a ser do ser humano, que, depois de louvar, intercede em seu próprio favor e no de outras pessoas, ou ainda, em favor das coisas criadas. É o momento da epíclese em que, na força do Espírito Santo, erguem-se intercessões aos céus. Por exemplo, na carta aos Efésios, Paulo, depois de render graças ao Pai pela fé daquela comunidade, pede *para que o Deus de nosso Senhor Jesus Cristo, o Pai da glória, lhes dê um espírito de sabedoria* (cf. Ef 1,1-20).

Cristo é a "bênção máxima de Deus Pai" e, ao mesmo tempo, o mediador de todas as bênçãos (cf. RB 3 e 2). Nele todas as coisas foram criadas (cf. Cl 1,16), e embora subjugadas pelo pecado (cf. Rm 8,20), podem, nele, libertar-se, *pois nele aprouve a Deus fazer habitar toda a Plenitude e reconciliar por ele e para ele todos os seres, os da terra e os dos céus, realizando a paz pelo sangue de sua cruz* (Cl 1,19-20). *E assim a maldição antiga transmudou-se em bênção para nós quando "nasceu o sol da justiça", Cristo nosso Deus, que expiando a maldição trouxe-nos a bênção* (RB 2).

Cristo realiza sua ação por meio da Igreja. As bênçãos, por isso, não são ações privadas, mas ação da Igreja (cf. RB 16). Suas celebrações, conseqüentemente, devem ser comunitárias (cf. RB 24a) e *quando não há presença de nenhum grupo de fiéis, lembrem-se ambos, o que deseja bendizer a Deus ou pedir a bênção divina e o ministro que preside a celebração, de que estão aí já representando a Igreja celebrante* (RB 17).

1.3. O "Ritual de bênçãos"

O Concílio Vaticano II, dentro do grande movimento de volta às fontes, determinou a revisão dos sacramentais, dentre eles as bênçãos (cf. SC 79/648). O novo *Ritual de bênçãos* foi promulgado pela Congregação para o Culto Divino em 1984. Contém cinqüenta e quatro bênçãos e está dividido em cinco partes, antecedidas por uma introdução geral. Na primeira parte encontram-se as bênçãos que se referem diretamente às pessoas, na segunda parte as bênçãos de edifícios e outras obras, na terceira parte as que dizem respeito a lugares, elementos e objetos destinados ao uso litúrgico ou devocional, na quarta parte estão as bênçãos que favorecem a devoção do cristão e na quinta parte aparecem as bênçãos para diversos fins.

Recupera-se o esquema primitivo de louvor e de invocação. Todas as bênçãos têm a seguinte estrutura:

a) Ritos iniciais com canto, sinal-da-cruz e saudação.

b) Monição com a finalidade de esclarecer o significado da bênção.

c) Leitura de um breve texto da Palavra de Deus, que pode ser seguida de um salmo ou outro canto e da homilia.

d) Intercessões no estilo da Liturgia das Horas ou da oração universal da missa.

e) Oração de bênção em que aparece o louvor à bondade de Deus, seguido do pedido de auxílio.

f) Conclusão.

Seguindo a orientação do Concílio Vaticano II (cf. SC 79/649), o ritual prevê que a maioria das bênçãos seja celebrada por leigos. Em cada bênção sugerem-se um ou mais gestos rituais: estendimento, levantamento, ajuntamento e imposição das mãos; incensação; aspersão de água benta; realização do sinal-da-cruz. Para evitar qualquer perigo de magia e superstição, não é permitida a celebração de bênçãos de objetos e lugares feita somente por meio de sinais, sem referência à Palavra de Deus ou alguma oração. O ritual também permite que algumas bênçãos sejam realizadas dentro da missa, ou em outras celebrações da Palavra. Isso é muito prático para nós, no Brasil, onde 70% das comunidades não têm oportunidade de celebrar a eucaristia aos domingos e dias santificados, mas celebram a Palavra de Deus, com muito proveito. Diante dessa possibilidade, os(as) ministros(as) já não terão mais dificuldade de abençoar os ramos no Domingo de Ramos e as cinzas na Quarta-feira de Cinzas, além de outras bênçãos, como, por exemplo, aos enfermos, no dia mundial de oração pelos enfermos.

2. CONSAGRAÇÃO DAS VIRGENS

O cristianismo, desde suas origens, deu grande importância à virgindade e ao seu significado. No Novo Testamento, ela aparece como uma opção preferencial de vida cristã (cf. Mt 19,12; 1Cor 7,25-40). Nas primeiras comunidades, foi praticada por homens e mulheres como uma vocação pessoal sem formar uma instituição particular.[2] Com o passar do tempo ganhou forma institucional. As mulheres, permanecendo no século, constituíram a ordem das virgens. Os homens retiraram-se para o deserto, no início como eremitas, depois, como cenobitas ou monges. Seu desenvolvimento foi rápido no sentido tanto de organização quanto de aprofundamento doutrinal.

2.1. Teologia da virgindade consagrada

A virgindade consagrada parece encontrar suas raízes bíblicas nos Atos dos Apóstolos. Na comunidade de Cesaréia, as quatro filhas de Filipe eram virgens e profetizavam (cf. At 21,9). A. Lemaire, fazendo um paralelo entre essa passagem e aquela em que Paulo aconselha os coríntios a respeito das virgens (cf. 1Cor 7,25-40), diz que as filhas de Filipe, com toda probabilidade, eram virgens consagradas ao Senhor.[3]

A teologia da virgindade consagrada tem como pilares os seguintes temas:

a) A virgindade é dom de Deus, *tem como pátria o céu, sua fonte é o próprio Deus* (RCV 16). *Entre as virtudes dadas a esses filhos [...], fizestes jorrar para alguns, da fonte do vosso amor, o dom da virgindade* (cf. RCV 24, Oração consecratória).

b) O testemunho da virgindade consagrada se iguala ou até supera o testemunho do martírio. O testemunho dos mártires, embora radical, acontece somente durante um período da vida. O testemunho das virgens, além de ser radical, é por toda a vida.

---

[2] JUSTINO DE ROMA, I Apologia, 15,6. In: *Justino de Roma*. São Paulo, Paulus, 1995; ATENÁGORAS DE ATENAS, Petição em favor dos cristãos, 33,3. In: AA.VV. *Padres apologistas*. São Paulo, Paulus, 1995.

[3] LEMAIRE, A. *Les ministères aux origines de l'Église*. Paris, Cerf, 1971. p. 77.

c) A consagração virginal é de certo modo um esponsal com Cristo e, ao mesmo tempo, sinal e antecipação das núpcias eternas (cf. RCV 25 e 26). A virgem infiel à sua consagração era, segundo são Cipriano, adúltera, incestuosa, bígama.

d) A virgindade consagrada, além de "retorno ao paraíso", volta à condição de Eva antes do pecado, é também antecipação da vida futura (cf. RCV 24, Oração consecratória, VC 7).

e) A opção pelo estado virginal se baseia *nas palavras e nos exemplos do Senhor e constitui um dom divino que a Igreja recebeu de seu Senhor* (LG 43).

2.2. O rito de consagração das virgens

No início, as virgens se consagravam, mas continuavam sua vida ordinária junto de sua família. Com o tempo, elas foram organizando-se e aos poucos foram constituindo mosteiros. No *Pontifical romano-germânico* do século X encontram-se dois ritos de consagração: um para as virgens monjas, outro para as virgens leigas. Em 1139, o Concílio de Latrão II proibiu a consagração de virgens leigas.

Por determinação do Concílio Vaticano II, em 1970 a Sagrada Congregação para o Culto Divino promulgou o *Rito de consagração das virgens* com uma novidade. As virgens que levam vida secular podem de novo ser consagradas.[4] O rito se divide nas seguintes partes:

a) O chamado das virgens.

b) A homilia ou alocução, expondo ao povo e às virgens a excelência da virgindade.

c) O diálogo no qual o bispo pergunta às virgens se querem perseverar no propósito de virgindade e receber a consagração.

d) A ladainha, rogando a Deus-Pai e pedindo a intercessão da Santíssima Virgem Maria e de todos os santos.

e) A renovação do propósito de castidade (ou a emissão da profissão religiosa).

f) A solene consagração das virgens, pela qual a Mãe-Igreja suplica ao Pai do céu que derrame sobre as virgens os dons do Espírito Santo.

g) A entrega das insígnias da consagração, que manifestam exteriormente a consagração interna (cf. RCV 7, int.).

O ministro da consagração das virgens é o bispo ordinário do lugar (cf. RCV 6, int.). Não é dito que o bispo possa delegar a um presbítero essa

---

[4] O papa João Paulo II, na exortação apostólica pós-sinodal *Vita consecrata*, diz ser motivo de grande alegria o reflorescimento da antiga ordem das virgens (cf. VC 7).

função, mas também não se diz o contrário. Em todo caso, é muito importante que o ministro seja o bispo, pois com a consagração cria-se um vínculo especial de compromisso entre a virgem e a Igreja particular, cujo pastor e primeiro responsável é o bispo. Dentro desse contexto é que o ritual diz ser da competência do bispo determinar *o modo e as condições pelas quais as virgens que levam vida secular obrigar-se-ão a abraçar perpetuamente a vida virginal* (RCV 5, int.).

São condições para a consagração de virgens que levam vida secular:

a) que nunca tenham contraído núpcias nem vivido pública ou manifestamente em estado contrário à castidade;

b) que pela idade, prudência e bons costumes reconhecidos por todos dêem garantia de perseverança na vida de castidade, dedicada ao serviço da Igreja e do próximo;

c) que sejam admitidas à consagração pelo bispo ordinário do lugar.

3. PROFISSÃO RELIGIOSA

Como já foi dito, no início, as mulheres vocacionadas à virgindade constituíam a "ordem das virgens". Os homens e algumas mulheres retiravam-se para o deserto como eremitas. Mais tarde, como cenobitas, monges e monjas.[5]

A partir do século XIII, diante da decadência dos mosteiros, nascem na Igreja as ordens mendicantes, cujo objetivo era testemunhar a radicalidade do Evangelho, não na solidão eremítica ou cenobítica, mas, no meio do século, diretamente entre as pessoas. Por volta do século XVI surge um outro tipo de vida consagrada: as ordens e congregações voltadas ao serviço da evangelização e promoção humana. Nos últimos tempos apareceram os institutos seculares: uma forma de vida consagrada em que seus membros, com encontros periódicos ou vida comunitária, apóiam-se mutuamente na vivência de um determinado carisma.

3.1. Teologia da vida religiosa

A vida religiosa constitui uma forma muito característica de viver o cristianismo. É antes de tudo uma vocação, um dom de Deus. A(o) religiosa(o) se percebe amada(o) com amor de predileção. Movida(o) pelo Espírito Santo, procura corresponder a esse amor na radicalidade do seguimento de Cristo. Consciente desse dom, a Igreja o proclama de diversas formas e em

---

[5] HAMMAN, A. G. Les origines du monachisme chrétien au cours des deux premiers siècles. _____. *Études patristiques*; méthodologie-liturgie-histoire-théologie. Paris, Beauchesne, 1991. p. 231.

diferentes momentos dos ritos de profissão religiosa. A oração de consagração, no entanto, por si mesma é uma indicação da consciência que a Igreja tem do caráter carismático e mistérico da vida consagrada das religiosas e dos religiosos (RPR, Consagração dos professos).

Outra característica da teologia da vida religiosa é o seguimento de Cristo. Todo(a) cristão(ã) deve pautar sua vida pelo seguimento de Cristo. As(os) religiosas(os), no entanto, caracterizam-se por um seguimento especial que absolutiza certos conselhos ou certas opções do próprio Cristo, como, por exemplo, a opção pela castidade virginal, pela pobreza e pela obediência.

A vida religiosa só se entende na Igreja e para a Igreja. É parte integrante da estrutura eclesial (cf. LG 43). *Isso significa que a vida consagrada, presente na Igreja, desde os primeiros tempos, nunca poderá faltar nela, como seu elemento imprescindível e qualificativo, expressão da sua própria natureza* (cf. VC 29). A dimensão eclesial da vida religiosa se manifesta pelo serviço aos irmãos e às irmãs.

Outra característica da vida religiosa é o seu forte apelo escatológico:

> *O estado religioso, pelo fato de deixar seus membros mais desimpedidos dos cuidados terrenos, ora manifesta já aqui neste mundo a todos os fiéis a presença dos bens celestes, ora dá testemunho da nova e eterna vida conquistada pela redenção de Cristo, ora prenuncia a ressurreição futura e a glória do Reino celeste* (LG 44/119).

O *Ritual da profissão religiosa* aponta justamente para o caráter escatológico. A vida religiosa é *espera vigilante do esposo e expectativa das núpcias eternas.* Os religiosos são *testemunhas dos bens futuros e da bem-aventurada esperança, sinal transparente dos bens da eternidade. Vivendo em um só coração, tornam-se imagem da comunidade eterna.*

3.2. O rito da profissão religiosa

De início, também os monges e monjas, à semelhança das virgens, não tinham um rito que marcasse sua entrada na vida monástica. A primeira notícia a esse respeito deve-se a Pseudo-Dionísio, que viveu entre os séculos V e VI. No Ocidente foi somente com são Bento que se elaborou um rito completo de profissão monástica. O candidato, depois de escrever e assinar a sua promessa de estabilidade e de obediência, lia-a diante de todos e punha-a sobre o altar. Em seguida cantava o versículo 116 do salmo 118/119: *Sustenta-me conforme tua promessa, e eu viverei; não deixes que minha esperança me envergonhe.* A comunidade repetia três vezes o mesmo versículo, concluindo com o glória-ao-pai. Em seguida o candidato se ajoelhava diante de cada um dos irmãos e pedia orações em seu favor. Ato contínuo, despojava-se de suas vestes pessoais e assumia as vestes do mosteiro. Essa forma de profissão ficou conhecida como *profissão sobre o altar.* Por volta dos séculos XI e XII, por influência do feudalismo introduziu-se a chamada *profissão nas mãos* com a seguinte estrutura: 1) prostração e pedido oral de ingresso, em forma de oração, por parte do candidato; 2) interrogatório em que o candidato prometia cumprir as obrigações da vida monástica; 3) com mãos postas entre as mãos do abade prometia obediência; 4) beijo da paz e acolhida por parte do abade e dos irmãos; 5) vestição do hábito. Essa nova fórmula de profissão foi adotada pelas novas ordens surgidas nos séculos XII e XIII, principalmente pelas ordens mendicantes (dominicanos, franciscanos e carmelitas). No século XVI, santo Inácio de Loyola introduziu uma outra forma de profissão religiosa, a chamada *profissão diante do Santíssimo Sacramento*, antes da comunhão. Esse tipo de profissão foi adotado pela maioria das congregações modernas, especialmente as femininas. Como nenhum desses ritos foi oficializado pela Igreja, cada ordem e congregação criou o seu próprio rito, os quais, pouco a pouco, afastaram-se da simplicidade e do equilíbrio dos antigos ritos monásticos.

O Concílio Vaticano II, com a intenção de *acomodar melhor às necessidades de nossa época as instituições que são suscetíveis de mudanças*, determinou que *se elaborassem ritos de profissão religiosa e renovação de votos que concorressem para maior unidade, sobriedade e dignidade e fossem observados por aqueles que fazem a profissão ou renovação dos votos durante a missa* (SC 1/521 e 80/651). Atendendo a essa determinação, a Sagrada Congregação para o Culto Divino promulgou o novo rito em 2 de fevereiro de 1970. Trata-se de um rito típico, ou seja, um modelo oficial. Cada instituto religioso pode e até deve fazer as acomodações ou modificações, de modo que exprima convenientemente a espiritualidade própria de cada instituto.

O novo *Ritual da profissão religiosa* consta de uma introdução, dos ritos de profissão dos religiosos, dos ritos de profissão das religiosas, dos ritos de promessa, próprios daqueles institutos que não emitem votos temporários e fazem apenas uma promessa especial ou outros vínculos temporários, e de um apêndice com um modelo de fórmula de profissão, formulários de missas para a primeira profissão, para a profissão perpétua e para a renovação dos votos. Tanto nos ritos de profissão dos religiosos quanto nos de profissão das religiosas encontra-se esta seqüência: rito de iniciação na vida religiosa, rito de profissão temporária, rito da profissão perpétua, rito da renovação dos votos. É previsto que esses ritos se realizem durante a missa, logo após a leitura do evangelho. As famílias religiosas que por força do direito particular fazem a profissão noutro momento da missa podem conservar esse costume. A *profissão diante do Santíssimo Sacramento*, no entanto, está proibida para as novas famílias religiosas, pois não se coaduna com o reto senso litúrgico (cf. RPR 15).[6]

---

[6] Por questões de espaço, não descrevemos aqui os ritos de cada uma das celebrações que se encontram no ritual.

"Excursus" – A bênção do abade e da abadessa

A função do abade e da abadessa sempre foi considerada de grande responsabilidade. Compete a ele e a ela ser guias, fazendo as vezes de Cristo ou, como o próprio nome diz, ser "pai" e "mãe" dos seus irmãos e irmãs de mosteiro. *Com toda a moderação e firmeza, deve conduzir sua comunidade no seguimento de Cristo, de tal modo que os monges de seu mosteiro se apresentem, tanto na oração como no serviço fraterno, modelo da vida evangélica* (CB 667 e 694). Tornou-se costume abençoar o abade e abadessa depois de eleitos. No início era uma celebração simples e breve. Mas logo passou a ser solenizada, a ponto de ser quase confundida com uma ordenação episcopal.

Segundo A. Nocent, três critérios presidiram a restauração do novo *Ritual da bênção de um abade e de uma abadessa*: 1) não empobrecê-lo, mas suprimir os elementos estranhos que se haviam acrescentado; 2) garantir sua verdade e deixar claro a sua diferença em relação à ordenação episcopal; 3) rever os formulários exageradamente jurídicos e dar-lhes um conteúdo mais monástico e espiritual.[7]

A bênção é realizada durante a missa, após a leitura do evangelho ou após a homilia. Pode ser feita por um bispo ou por outro abade. O(a) eleito(a) é apresentado(a) ao que preside. Este o(a) interroga sobre *vários pontos necessários para o bom cumprimento de sua missão*. Segue-se a ladainha, na qual se podem acrescentar, no lugar próprio, o nome do padroeiro, o do titular da igreja, o do fundador da ordem, o do padroeiro do abade eleito e outros. Terminada a ladainha, o(a) eleito(a) se aproxima de quem preside e ajoelha-se à sua frente. Quem preside recita, de braços estendidos, a oração de bênção. Evitou-se a imposição das mãos, justamente para evitar mal-entendido com a ordenação episcopal. Por fim, são entregues as regras, o anel, a mitra e o báculo para o abade. Para a abadessa não existe entrega do báculo, nem da mitra, nem do anel se já recebeu este último no dia da profissão e consagração. Conclui-se o rito com o abraço da paz ao(à) novo(a) eleito(a). Em seguida dá-se início à missa conforme o rito de concelebração.

4. EXORCISMO

Na Igreja, a prática do exorcismo é muito antiga. O próprio Jesus praticou exorcismo (cf. Mt 12,22-32; Mc 1,25-26; 3,23-30; Lc 8,26-39; 11,14-23) e ordenou que seus discípulos também praticassem (cf. Mt 10,8; Mc 3,15; 6,7.13; 16,15-18; Lc 10,17-20). *Os exorcismos de Jesus libertavam as pes-*

---

[7] NOCENT, A. Bênção do abade e da abadessa. AA.VV. *Os sacramentais e as bênçãos*. São Paulo, Paulinas, 1993. pp. 42-43.

soas do domínio dos demônios e antecipavam a grande vitória sobre "o príncipe deste mundo" (CIC 550).

Com o exorcismo, a Igreja, sabendo que *os dias são maus* (Ef 5,16), pede publicamente e com autoridade, em nome de Jesus Cristo, que as pessoas, coisas e lugares atingidos pela nociva ação do diabo e dos demônios sejam subtraídos de seu domínio. Portanto, pela autoridade espiritual que Jesus lhe confiou, a Igreja visa, por meio do exorcismo, expulsar os demônios ou livrar de sua influência (cf. CIC 1673).

Nos últimos tempos, o tema do exorcismo tem posto sérios questionamentos e problemas de caráter teológico, litúrgico e pastoral. Enquanto a Igreja Católica, atenta aos avanços das ciências humanas, diminuiu a prática do exorcismo, um grande número de pessoas tem voltado a procurá-la em Igrejas de cunho pentecostal.

4.1. A existência do demônio[8]

A maioria dos argumentos para provar a existência do demônio baseia-se na atividade que ele exerce no mundo. O avanço das ciências humanas, especialmente da psicologia, da psiquiatria e da parapsicologia, fez perceber que grande parte dos casos tidos como possessão no passado não passavam de psicopatologias ou distúrbios psíquicos e psiquiátricos. Esta relativização das possessões diabólicas provocou, por isso, crise na fé sobre a existência do demônio, exigindo um esclarecimento da teologia e uma tomada de posição da hierarquia.

Os escritos teológicos, a partir da segunda metade do século XX, de uma aceitação maciça da existência dos demônios, foram aos poucos demonstrando-se duvidosos e perplexos, a ponto de alguns deles chegar à sua negação, considerando-os *maneira simbólica usada em algumas culturas para facilitar a compreensão daquelas forças, elementos e movimentos da natureza que nos fazem sofrer.*[9]

O *Catecismo da Igreja Católica*, porém, não hesita em ensinar a existência do demônio como um ser real e pessoal. Comentando o pedido "mas livrai-nos do mal, da oração do pai-nosso, afirma: *Neste pedido, o Mal não é uma abstração, mas designa uma pessoa, Satanás, o Maligno, o anjo que se opõe a Deus* (CIC 2851).

O novo *Ritual de exorcismos*, logo em sua introdução, faz questão de reafirmar a doutrina da Igreja sobre a existência do demônio. *Deus, com a sua providência, guarda e governa e nada fez que não fosse bom. Até mesmo o diabo [...] e os outros demônios foram criados por Deus naturalmente*

---

[8] Neste item inspiro-me em: Tassinario, A. C. *Il diavolo secondo l' insegnamento recente della Chiesa.* Roma, Pont. At. Antonianum, 1984.

[9] Soares, A. M. L. Como entender o "Mal". *Jornal de Opinião* 765 (jan./fev. 2004), pp. 4-5.

bons, mas eles por si mesmos se tornaram maus. Os demônios não são maus por natureza, mas somente porque se afastaram de Deus (RE 1 e 2).[10]

Em resumo, o ensinamento oficial da Igreja sobre essa questão é o seguinte: 1) não existe um dogma definido sobre a existência do demônio; 2) a fé na existência pessoal dos demônios não faz parte do núcleo central das verdades que todo católico deve crer; 3) mas faz parte do ensinamento ordinário e constante da Igreja; 4) é mais importante e necessário proclamar a vitória de Cristo sobre toda a espécie de mal; 5) é preciso manter viva a necessidade de lutar contra tudo que se opõe à manifestação do Reino.

4.2. Liturgia dos exorcismos

Os livros litúrgicos e o *Código de Direito Canônico* distinguem diversos tipos de exorcismos. Existem exorcismos públicos, ou litúrgicos, e privados, ou devocionais. Os públicos ou litúrgicos são aqueles que se realizam em nome da Igreja, por pessoas legitimamente instituídas e segundo os ritos aprovados (cf. cân. 834 § 2; 1172). Os privados podem ser considerados exorcismos, mas em sentido bem lato. São realizados em caráter particular por qualquer fiel, como forma devocional. O novo *Ritual de exorcismos*, no apêndice II, apresenta algumas orações de exorcismo para, como diz o título, o uso privado dos fiéis na luta contra o poder das trevas. Os exorcismos litúrgicos se distinguem em três categorias: os primeiros exorcismos, também chamados menores, os chamados simplesmente exorcismos e os exorcismos maiores:

> *Os primeiros exorcismos ou exorcismos menores, feitos de modo deprecatório e positivo, manifestam aos catecúmenos as verdadeiras condições da vida espiritual, a luta entre a carne e o espírito, a importância da renúncia para alcançar as bem-aventuranças do Reino de Deus e a necessidade contínua do auxílio divino* (RICA 101).

Os exorcismos menores são celebrados com os catecúmenos, mas podem também ser ministrados aos "simpatizantes" antes de entrar no catecumenato, se for conveniente para o seu bem espiritual. Além do sacerdote e do diácono, esses exorcismos podem ser ministrados também pelo catequista delegado pelo bispo para esta função (cf. RICA 113 e 109). Também no batismo de crianças se faz um exorcismo menor que corresponde a uma oração, na qual se pede para que a criança que, ao longo da vida, será solicitada pelo mal (ciladas do diabo, original latino) seja libertada do poder das trevas e seja protegida por Cristo durante toda a sua vida (cf. RBC 17 e 55).

---

[10] Veja, sobre a polêmica, também estes outros textos: MEYER, C. O magistério sobre anjos e diabos. *Concilium* 103 (1975), p. 325. HAAG, H. *El diablo*; su existencia como problema. Barcelona, Herder, 1978 (original alemão de 1969); RAHNER, K. Diablo. In: *Enciclopedia teológica Sacramentum Mundi*. Barcelona, Herder, 1972. v. 2, col. 252; WEGNER, U. Editorial. In: *Estudos Bíblicos* 74 (2002), p. 10.

Os chamados simplesmente exorcismos são celebrados com os catecúmenos em sua fase final de preparação, por meio de uma oração que pede que os eleitos sejam libertados das conseqüências do pecado e da influência diabólica, sejam fortalecidos em seu caminho espiritual e, abrindo o coração, recebam os dons do Salvador (cf. RICA 154 e 156). Somente os diáconos e os presbíteros podem ministrar esses exorcismos (cf. RICA 156 e 158).

Os chamados simplesmente exorcismos são também celebrados em circunstâncias especiais da Igreja, quando o demônio *com alguma ação própria penetra em coisas e lugares e, de várias formas, opõe-se à Igreja e persegue-a*. Nessas circunstâncias o ministro pode ser qualquer sacerdote, mas somente pode ser realizado se o bispo diocesano julgar oportuno. O apêndice I do *Ritual de exorcismos* traz alguns elementos para a organização desse tipo de exorcismo.

O exorcismo maior, também chamado solene ou "grande exorcismo", é aquele que se faz de forma solene sobre as pessoas que, depois de um juízo maduro, são consideradas possessas do demônio. Só pode ser praticado por um sacerdote *que se distinga pela piedade, ciência, prudência e integridade de vida, que tenha obtido licença especial e expressa do ordinário local* e que tenha preparação específica para esse ministério (cân. 1172; RE 11 e 13). *Nos exorcismos maiores, unida ao Espírito Santo, a Igreja suplica para que o mesmo Espírito ajude nossa enfermidade (cf. Rm 8,26) e ordena aos demônios que não façam nenhum mal aos fiéis* (RE 12).

No exercício de seu ministério, o exorcista deve agir com muita circunspecção e prudência. Não pode ser ingênuo e acreditar logo que qualquer patologia psíquica seja possessão diabólica. Mas deve também estar atento para não se deixar enganar pelos artifícios do demônio quando este procura fazer passar uma possessão por simples doença (cf. RE 14). Para maior garantia, é bom que o exorcista, antes de se decidir pelo exorcismo de uma pessoa, consulte peritos nas coisas espirituais e, se necessário, nas ciências médica e psiquiátrica que tenham sensibilidade nas coisas espirituais (cf. RE 15). O bispo diocesano deve ser comunicado e, também ele, deve consultar peritos antes de assumir uma decisão a respeito do exorcismo (cf. RE 180).

O novo *Ritual de exorcismos* dá um grande destaque à ação do Espírito Santo. Nele se destaca muito mais a vitória de Cristo sobre o demônio e sobre o pecado do que sobre a ação diabólica em si mesma. Por isso, o novo *Ritual de exorcismos* se coloca no contexto do múnus de santificação da Igreja. Onde se faz presente o Espírito Santo, o demônio perde todo poder. A tonalidade das orações, por isso, não é de *Exorcizo-te*, mas de *Invoco-te, Espírito Santo* ou ainda *Envia, te pedimos, o teu Espírito Santo Paráclito sobre*.

Resumindo

- *Os sacramentais são celebrações por meio das quais, à imitação dos sacramentos, a Igreja impetra a santificação dos fiéis nas diversas circunstâncias da vida deles, dos lugares e dos objetos pessoais. Os sacramentais se dividem em três categorias:*

a) *As bênçãos, as quais constituem os sacramentais mais comuns. Quando estabelecidas oficialmente pela Igreja, são consideradas celebrações litúrgicas. Se carecem de oficialidade, colocam-se no gênero dos exercícios piedosos e de devoção popular.*

b) *As consagrações (de pessoas, lugares e objetos). São, em geral, mais solenes. Têm sempre caráter oficial e sua estrutura celebrativa aproxima-se muito da dos sacramentos.*

c) *Os exorcismos, muito comuns no passado, hoje são celebrados com mais discrição. Como as bênçãos, alguns têm celebração prescrita por leis canônicas e rito previsto nos rituais. Outros são celebrados em privado por qualquer fiel.*

Para pensar, trocar idéias e experiências

Levando em consideração os sacramentais (três categorias) desenvolvidos no texto:

1. Que sentido eles ocupam em sua vida? E na vida das pessoas de sua comunidade?

2. Como a sua problemática aparece na ação evangelizadora?

3. O sentido teológico-litúrgico mostrado no texto apresenta desafios para a ação evangelizadora?

Bibliografia complementar

a) Textos oficiais

CIC: *Os sacramentais* (1667-1679).

Pontifical Romano, Bênção de abade e abadessa, Consagração das virgens, Profissão religiosa, pp. 267-415.

Ritual de bênçãos.

Ritual de exorcismos.

b) Outros

AA.VV. *Anámnesis.* São Paulo, Paulinas, 1993. v. 6 (Os sacramentais e as bênçãos).

DONGUI A. Sacramentais. In: *DILI*, pp. 1.045-1.058.

KLOPPENBURG, B. O exorcismo. "Pai... livrai-nos do mal". *Revista Eclesiástica Brasileira* 63 (2003), pp. 373-392.

LOPEZ, J. As bênçãos. In: BOROBIO, D. (org.). *A celebração na Igreja.* São Paulo, Loyola, 1990. v. 3 (Ritmos e tempos da celebração).

MARTIMORT, A. G. (org.). *A Igreja em oração.* Petrópolis, Vozes, 1991. v. 3 (Introdução à liturgia), pp. 182-191, 225-263.

RAMOS, G. Consagração das virgens e profissão religiosa. In: BOROBIO. D. (org.). *A celebração na Igreja.* São Paulo, Loyola, 1990. v. 3 (Ritmos e tempos da celebração).

TERRA, J. E. M. *Existe o diabo?* — Respondem os teólogos. São Paulo, Loyola, 1975.

Capítulo quinto

EXÉQUIAS

Manoel João Francisco

Pela celebração do batismo, as pessoas são mortas, sepultadas e ressuscitadas com Cristo (cf. Rm 6,4; Ef 2,6; Cl 3,1; 2Tm 2,11). Essa participação no mistério pascal de Cristo renova-se em cada celebração sacramental. Segundo a fé cristã, o que acontece tantas vezes sacramentalmente acontece também existencialmente na morte do cristão. Consoante essa fé, com sua morte a pessoa *deixa este corpo para ir morar com o Senhor* (2Cor 5,8), ou, como dizia santa Teresinha do Menino Jesus, *a pessoa não morre, entra na vida.*

Na certeza dessa fé, a Igreja celebra os funerais dos seus filhos. Por meio dessa celebração, o cristão que em sua vida *não duvidou da bondade do Salvador*, mas, pelo contrário, *sempre acreditou e confiou*, é entregue à terra *como corpo corruptível para ressuscitar incorruptível, como corpo desprezível para ressuscitar reluzente de glória, como corpo marcado pela fraqueza para ressuscitar cheio de força, como corpo psíquico para ressuscitar como corpo espiritual* (1Cor 15,42-44).

As exéquias não fazem parte nem dos sacramentos nem dos sacramentais. São celebrações "parassacramentais". Elas têm em vista exprimir o caráter pascal da morte cristã. Anunciam à comunidade reunida a vida eterna, ao mesmo tempo que realçam o caráter de provisoriedade da vida aqui na terra (cf. CIC 1684-1685).

Para muitos católicos, as exéquias são as poucas vezes que entram em contato com a liturgia da Igreja. Os ministros e ministras devem prepará-las e celebrá-las com muito zelo, pois, por meio delas, os filhos pródigos poderão sentir-se chamados a voltar à casa paterna. Sintonizar com a dor dos presentes, parentes e amigos, deve ser o primeiro cuidado a se ter em conta. O segundo não pode deixar de ser a intenção de comunicar-lhes a Boa-Nova de Jesus Cristo, levando-os a reavivar a fé na ressurreição. Tudo deve ser feito com muita benevolência. Nas exéquias, mais do que em outras celebrações, o ministro e a ministra devem ter a consciência de que são *vigários do amor de Cristo*.[1]

---

[1] SANTO AMBRÓSIO, *Comm. In Luc.* 10,175.

1. A MORTE PROIBIDA

Embora a morte seja um acontecimento diário e em quantidade tal que desafia os cálculos, a cultura e a sensibilidade modernas têm dificuldade de integrá-la como realidade própria do ser humano. Em geral, as pessoas sentem a morte como absurda e injusta violação do seu direito mais fundamental, o direito à vida. O encontro com a morte aparece, cada vez mais, como incômodo e embaraçante. Por isso, como o sol, evita-se olhá-la de frente, escondendo-se dos doentes terminais a gravidade de sua situação, impedindo que se morra em casa e, uma vez morto, não se vela em casa, mas em ambientes apropriados, chamados capelas mortuárias ou necrotérios. A morte foi "hospitalizada", "uteizada", "necroterizada". Porque não se sabe mais trabalhar a dor e o luto provocados pela morte, delega-se a empresas funerárias o cuidado de "digeri-los" da forma menos dolorosa possível. Daí surge uma indústria de caráter burocrático e anônimo, ao lado de um comércio de cunho consumista, que envilece e escamoteia a morte.

Diante de um cadáver, as pessoas são colocadas frente a frente com a caducidade daquilo que elas consideram valores: beleza, juventude, realização pessoal, sucesso social. A morte, por isso, torna-se tabu, clandestina, assunto proibido. Em certos ambientes é quase falta de educação pronunciar a palavra "morte". As pessoas "não morrem", "expiram" ou "vão a óbito". Como muito bem percebeu o sociólogo inglês Geoffrey Gorer, nos últimos tempos a morte passou a ser pornográfica e substituiu o sexo como principal interdito.[2]

Ao saber que sua doença é fatal, a primeira reação do doente terminal é de negação. A segunda atitude é de raiva e cólera. Acha injusto morrer. Passa em seguida por um sentimento de culpa de tipo depressivo. Sente a morte como castigo de suas limitações e falhas. Tenta então ludibriar a morte e barganhar com ela, prometendo a si mesmo e aos outros que será diferente, caso sua morte seja adiada e, melhor ainda, evitada. Somente depois de todo esse doloroso processo é que as pessoas se reconciliam com a morte e a assumem com serenidade.[3]

Nos últimos anos, vários autores, como Elisabeth Kübler-Ross, têm questionado de forma vigorosa esse tabu que impede falar de morte e descrevem o enorme alívio dos pacientes que estão morrendo ao serem convidados a partilhar seus temores e suas necessidades.

A "interdição da morte", por mais paradoxal que possa parecer, vulgariza a morte e banaliza a vida. Uma virada cultural em favor da vida necessariamente deverá passar, como lembra João Paulo II, por uma ação educativa *que não pode deixar de tomar em consideração o sofrimento e a morte* (EV 97).

---

[2] GORER, G. *The pornography of death*, citado por ARIÈS, Ph. *História da morte no Ocidente*. Lisboa, Teorema, 1989. p. 59.

[3] KUBLER-ROSS, E. *Sobre a morte e o morrer*. São Paulo, Edart/USP, 1977.

2. A MORTE CRISTÃ

O cristão sabe que a morte é o salário do pecado (cf. Rm 6,23; 7,13; 8,10; Ef 2,5) e a recusa do ser humano a se alimentar da árvore da vida (cf. Gn 2-3). Mas Deus, rico em misericórdia, fez-nos reviver, ressuscitando-nos com Cristo (cf. Ef 2,4-5;). Antes de Cristo, que com sua morte destruiu nossa morte (Cl 2,14), éramos como ovelhas apascentados pela morte (cf. Sl 49,25), ponto de encontro para todos os viventes (cf. Jó 30,23). Com a ressurreição de Cristo, porém, a morte deixa de ser o que era. Perde seu poder. É totalmente aniquilada. O cristão, tendo sido enxertado em Cristo, não deve mais nada ao pecado. Por isso a morte já não tem mais poder sobre ele, como não tem sobre Cristo (cf. Rm 6,4-11). Nosso ser, de corruptível que era, transforma-se em incorruptível, e nossa mortalidade se converte em imortalidade. Agora já podemos zombar da morte. *Onde está, ó morte, a tua vitória? Onde está, ó morte, o teu aguilhão?* (1Cor 15,54-55). O cristão, depois da ressurreição de Cristo, considera a morte biológica uma quimera, e morrer passa a ser lucro (cf. Fl 1,20), pois quem crê em Cristo, ainda que morra, viverá; e não morrerá para sempre (cf. Jo 5,24; 11,25).

A certeza de ressurreição, no entanto, não arranca do cristão a tragicidade da morte. *Não se aflige apenas com a dor e a progressiva dissolução do corpo, mas também, e muito mais, com o temor da destruição perpétua* (GS 18/250). Na verdade, como afirma santo Agostinho, *não é a fé, mas a natureza que sente horror à morte.*[4] O próprio Jesus, diante do túmulo do amigo Lázaro, estremece por dentro, fica agitado e chora (cf. Jo 11,33-35). Na véspera da própria morte sentiu tristeza, medo e angústia, a ponto de suar sangue (cf. Mc 14,33-34; Lc 22,44). No alto da cruz sentiu-se abandonado não só pelos homens, mas também pelo próprio Deus e com certeza morreu gritando e talvez envolto em certo desespero.

A certeza de que a morte foi vencida pela vida não tira daquela o caráter de mistério e sua cota de irracionalidade, contra-senso, incerteza, medo e sofrimento. A morte foi vencida, mas em esperança (cf. Rm 8,24). Por enquanto vivemos sob o regime da dor, do luto e das lágrimas. A superação definitiva da morte é um bem próprio dos tempos escatológicos (cf. 1Cor 15,26). Somente então a morte será definitivamente aniquilada e arremessada no fosso de fogo (cf. Ap 20,14; Is 25,8). Então, *ninguém mais vai sofrer, ninguém mais vai chorar, ninguém mais vai ficar triste.*[5] Então, não haverá mais fome, nem sede. Nem o sol, nem o mormaço vão molestar ninguém (cf. Ap 7,14).

Essa ambigüidade de "já mas ainda não", tão fortemente evidenciada na morte de um cristão, celebra-se nas exéquias. Por meio delas

---

[4] SANTO AGOSTINHO, *Sermão 172*; _____. *O cuidado devido aos mortos.* São Paulo, Paulus, 1990. p. 81.
[5] Oração eucarística com crianças III.

os corações piedosos podem entristecer-se com uma dor salutar pela morte de seus entes queridos e, por sua condição mortal, podem derramar lágrimas que serão consoladas e diminuídas pela fé, pela qual cremos que os fiéis, quando morrem, caminham à nossa frente e passam para uma vida melhor. São também consolados pelas atenções fraternas que lhes são apresentadas, já que na Escritura tudo isso conta entre as boas obras.[6]

Sem camuflar a dor e sem esvaziar o mistério da morte, as exéquias fortalecem em nós a convicção e a certeza de que, *para os que crêem a vida não é tirada, mas transformada. E, desfeito o nosso corpo mortal, nos é dado nos céus um corpo imperecível.*[7]

3. A CELEBRAÇÃO CRISTÃ DA MORTE

Embora o costume de enterrar seus mortos seja algo conatural ao ser humano e os funerais uma venerável, e não inútil, tradição cristã, segundo santo Agostinho, as exéquias são mais úteis aos vivos do que aos mortos:

Providências relativas aos funerais, escolha da sepultura, pompa do enterro, tudo isso é mais consolo dos vivos do que alívio dos mortos [...]. Numeroso cortejo de escravos fez ao rico epulão exéquias magníficas aos olhos dos homens (cf. Lc 16,22). Muito mais brilhante, porém, aos olhos de Deus, as que o ministério dos anjos ofereceu ao pobre Lázaro coberto de úlceras. Não lhe ergueram aos restos mortais túmulos de mármore, mas levaram-no para o seio Abraão [...]. Disso não decorre que a Igreja e a piedade dos fiéis despendam em vão os cuidados que a religião inspira a serviço dos defuntos. Mas não deixa de ser verdade que cada um receberá conforme o que tenha praticado de bom ou de mau em sua vida, pois o Senhor retribui a cada um conforme suas obras.[8]

Embasados nesses princípios, os primeiros cristãos, ainda segundo o testemunho de santo Agostinho, enterravam seus mortos com muita singeleza em tumbas simples nos cemitérios pagãos. Santa Mônica, por exemplo, antes de morrer, recomendou que não se preocupassem com seu corpo e a sepultassem em qualquer lugar.

Até o século VII as exéquias cristãs caracterizavam-se também por um forte caráter pascal, expresso especialmente pela recitação de salmos que lembram o êxodo pascal de Israel e pela celebração da eucaristia junto do defunto.[9] O que aconteceu sacramentalmente pelo batismo a morte do cristão realiza existencialmente e, para expressá-lo, nada melhor do que a celebração da eucaristia, memorial por excelência da paixão, morte e ressurreição do Senhor.

---

[6] Santo Agostinho, *Sermão 172*, cit., p. 82.
[7] Prefácio dos fiéis defuntos I.
[8] Santo Agostinho, *O cuidado devido aos mortos*, cit., pp. 23-27.
[9] Santo Agostinho, *Confissões*, IX, 11 e 12. São Paulo, Paulus, 1997.

Do século VIII até o século XV, nas exéquias cristãs, em vez de uma visão pascal, predominou uma visão trágica da morte. Perdeu-se a certeza da salvação e a eucaristia, de celebração da passagem com Cristo e por Cristo da morte para a vida, passou a ser sacrifício propiciatório pelos defuntos.

O ritual de Paulo V, em 1614, tentou recuperar o caráter pascal da morte cristã, mas não conseguiu. Suas orações continuaram insistindo em demasia no perdão dos pecados. Essa situação perdurou até o século XX quando, de novo, a Igreja, mediante o Concílio Vaticano II, prescreveu que *o rito das exéquias deve exprimir mais claramente a índole pascal da morte cristã* (SC 81).

Segundo A. Bugnini,[10] atender a essa orientação foi uma das principais preocupações dos redatores do ritual promulgado, por determinação do papa Paulo VI, em 1969. O novo ritual já não mais contém textos muito conhecidos e "estimados" como o *Libera me Domine* ou o *Dies irae*, e, na maioria de suas orações, apresenta Cristo como vencedor da morte e fonte da ressurreição ou associa a morte do cristão ao mistério pascal de Cristo. A índole pascal da morte cristã aparece também de forma muito explícita nas leituras bíblicas e salmos propostos pelo novo ritual, bem como nos textos das missas dos funerais.

Ao propor a revisão do rito de exéquias, o Concílio Vaticano II solicitou, além do caráter pascal, melhor correspondência às condições e tradições das diversas regiões, até mesmo com relação à cor litúrgica, e que os ritos de enterro de crianças fossem enriquecidos com uma missa própria (SC 81-82). Para alcançar esse objetivo, os redatores, mais do que um ritual propriamente dito, elaboraram um conjunto de orientações e fizeram uma coleção de textos para ser ordenados e distribuídos com mais lógica pelas conferências episcopais nos rituais nacionais.

No Brasil, foi feita uma tradução literal, publicada em 1970. Certamente, por carecer de maior inculturação, multiplicaram-se pelas dioceses e paróquias edições particulares. Depois de uma longa pesquisa, um grupo de liturgistas, sob a coordenação da CNBB, elaborou uma proposta de ritual publicada *ad experimentum*. Somente depois de um período de experiência será levada à Assembléia Geral da Conferência Nacional dos Bispos do Brasil para ser aprovada e encaminhada à Santa Sé para ser reconhecida.

Essa nova proposta de ritual contém quatro capítulos e um apêndice. O primeiro capítulo traz três celebrações: uma segue o esquema da celebração da Palavra, outra o esquema do Ofício Divino, e a terceira o esquema da vigília pascal. São celebrações para ser feitas durante o velório. O segundo capítulo contém uma celebração própria para a encomendação, ou seja, para antes de iniciar a procissão de enterro. O terceiro capítulo apresenta a celebração de sepultamento, na hora em que o corpo é depositado na sepultura.

---

[10] BUGNINI, A. *La riforma liturgica (1948-1975)*. Roma, Edizioni Liturgiche, 1983. p. 749.

O quarto capítulo atende às orientações da Igreja para que se concedam exéquias cristãs aos que escolheram a cremação do próprio corpo e apresenta duas celebrações: uma para a encomendação no crematório e outra para a deposição da urna com as cinzas. O apêndice é um pequeno lecionário com onze perícopes bíblicas apropriadas para a celebração das exéquias.

Conforme permissão concedida ao Brasil pela Sagrada Congregação para o Culto Divino em abril de 1971, a nova proposta supõe que o ministro de exéquias seja leigo ou leiga. Nada impede, porém, que a celebração seja presidida por um ministro ordenado. Não está prevista a celebração da eucaristia, mas esta última pode ser feita antes da encomendação. Todas as celebrações estão profundamente marcadas pelo sentido pascal da morte cristã e pela comunhão com a dor e as necessidades dos familiares que passam por esse momento de luto e de saudade. É sempre bom lembrar que tanto o presbítero quanto o diácono ou leigo que presidem as exéquias atuam como "ministros da consolação" e que em seu ministério devem expressar a "consolação da fé" (REx 16 e 33).

4. CREMAÇÃO OU INCINERAÇÃO

Há sinais de que entre os pagãos a incineração ou cremação era praticada desde o final da Idade do Bronze. Os cristãos sempre preferiram a prática da inumação, por considerá-la mais conforme com a fé na ressurreição. No entanto, a incineração, em si mesma, não tem nada de intrinsecamente contrário à fé. Em muitas ocasiões, principalmente durante a Idade Média, por motivos de epidemias ou guerras, os cadáveres foram incinerados sem nenhuma objeção por parte da Igreja. No período do Iluminismo, principalmente durante a Revolução Francesa, muitos intelectuais e seguidores de organizações anticlericais, como a maçonaria, tornaram-se defensores entusiastas da cremação dos corpos com o objetivo de hostilizar a fé cristã e particularmente a Igreja Católica. Por esse motivo a Igreja, por muito tempo, negou a celebração das exéquias aos que tivessem solicitado a cremação do próprio corpo.

O desenvolvimento histórico e a reflexão teológica levaram a Igreja, em 1963, por meio da Congregação do Santo Ofício, a emanar uma *Instrução* com as seguintes considerações:

> *A Igreja sempre se esforçou por inculcar a inumação dos cadáveres [...], cominando penas canônicas contra os que agissem contra tão salutar praxe; e isso especialmente quando a oposição nascia de um ânimo adverso aos costumes cristãos e às tradições eclesiásticas, fomentadas pelo espírito sectário de quem se opunha a substituir a inumação pela cremação, em sinal de violenta negação dos nossos dogmas, e especialmente, da ressurreição dos mortos e da imortalidade da alma.*

A cremação, hoje, com freqüência é pedida, não por ódio contra a Igreja ou contra os usos cristãos, mas somente por motivos higiênicos, econômicos ou de outro gênero, de ordem pública ou privada. A tais pedidos a Igreja, temperando o seu especial cuidado do bem dos fiéis com a consideração de todas as necessidades destes, decidiu prestar-lhes ouvido, estabelecendo o que segue:

a) *Todo o cuidado deve ser empregado para que seja fielmente mantido o costume de sepultar os cadáveres dos fiéis [...] e não renuncie, senão em casos de verdadeiras necessidades.*

b) *Todavia, para não aumentar as dificuldades hoje surgidas [...], inculca-se conveniente aduzir alguma mitigação ao disposto nos cânones 1203 § 2º (que proíbe a execução do mandado de cremação) e 1240 §1º, nº 5 (denegação de sepultura eclesiástica a que houver pedido a cremação); de modo que, doravante o disposto nestes cânones não mais seja de observar em todos os casos, senão somente quando conste que a cremação seja querida como negação dos dogmas cristãos, ou com ânimo sectário, ou por ódio contra a religião católica e contra a Igreja.*

c) *Para não enfraquecer o apego do povo cristão à tradição eclesiástica [...] os ritos da sepultura eclesiástica e dos sufrágios subseqüentes nunca se celebrarão no lugar onde ocorra a cremação, e nem também até ali se acompanhará o cadáver.*[11]

O *Ritual de exéquias* promulgado em 1969 avança um pouco mais e permite que as exéquias sejam feitas no próprio prédio do crematório e, na falta de um lugar idôneo, pode-se fazer até na própria sala de cremação, sempre com o cuidado de evitar o escândalo e o indiferentismo religioso (cf. REx 15).

O ritual, pelo que diz, parece supor que as exéquias sejam feitas antes da cremação. De fato, como ação ritual e simbólica, parece bem mais natural celebrar diante de um corpo que foi templo do Espírito Santo do que diante de suas cinzas. Em todos os casos, não é contra a natureza da liturgia cristã uma celebração depois da incineração. A Santa Sé já deu essa permissão para algumas conferências episcopais.

Nunca é demais lembrar que, também nas exéquias com cremação, deve-se pôr em realce o sentido pascal da morte cristã. O fogo sempre teve um sentido de purificação dos pecados (cf. Is 6,7) e pode, nesse caso, ter também o sentido de oferta pascal do próprio corpo, que pelo batismo já foi ofertado e consagrado ao Senhor pelo fogo do Espírito Santo.

Muitas vezes as cinzas são espalhadas no jardim, no mar ou no alto da montanha. Essa prática não pertence à índole cristã e pode ser motivada por uma concepção panteísta da vida. Por isso, a Igreja Católica não a recomenda. Não haveria, no entanto, nenhum inconveniente se também aqui fosse feito algum tipo de celebração como tentativa de cristianizar uma prática inspirada pelo secularismo e indiferentismo religioso que tende a caracterizar nossa sociedade pós-moderna.

---

[11] CONGREGAÇÃO DO SANTO OFÍCIO. Instrução do Santo Ofício a propósito da cremação. *Revista Eclesiástica Brasileira* 25 (1965), pp. 127-128.

5. PASTORAL DAS EXÉQUIAS

A fé na ressurreição dos mortos é ponto central da vida cristã. A existência da Igreja só tem sentido se for construída sobre esse núcleo fundamental da fé. Como lembra o apóstolo Paulo, se foi só para esta vida que pusemos nossa esperança em Cristo, somos as pessoas mais dignas de compaixão e nossas lutas perdem toda razão de ser. *Se os mortos não ressuscitam, comamos e bebamos, pois amanhã morreremos* (1Cor 15,32).

No entanto, em muitos cristãos esta fé está bastante enfraquecida. Percebe-se isso nos necrológios. Num levantamento feito em 16 jornais em que apareceram 566 anúncios fúnebres, não foi encontrada nenhuma referência ao mistério pascal e à fé na ressurreição.

A Igreja *existe para evangelizar, ou seja, para pregar e ensinar* (EN 14). Não pode, por isso, ficar indiferente quando, por ocasião de uma morte, for solicitada pelas pessoas, mesmo se (e justamente por isso) suas convicções religiosas e vida deixam a desejar. Nessas circunstâncias, com certeza, mais do que em outras, é bom lembrar que a Igreja também reza por aqueles cuja fé somente Deus conheceu.[12]

O objetivo central da ação evangelizadora da Igreja por ocasião das exéquias deve ser despertar a esperança e fortificar a fé dos participantes no mistério pascal e na ressurreição dos mortos, sem, no entanto, ofender a tristeza dos que sofrem (cf. REx 17). Justamente porque celebram o mistério pascal, as exéquias não podem deixar de levar em conta tanto a dor quanto o anúncio da esperança. Daí a atenção que se pede aos ministros, pois, além de guias da fé, eles são *ministros da consolação* (REx 16). O cuidado deve ser maior ainda quando a morte ocorreu em circunstâncias de violência: terrorismo, chacina, seqüestro, suicídio, vingança, acidente de diversos tipos (trânsito, trabalho, por imprudência, por ciúme, por assalto etc.).

Em tudo isso a linguagem (atitudes, palavras, símbolos e ritos) desempenha um papel de suma importância. Nada menos "evangelizador" do que negar a celebrar ou celebrar de modo superficial, sem "unção", e apressadamente, só porque a pessoa morta e talvez sua família não tenham sido bons cristãos. Nesse sentido, o ritual faz uma recomendação muito clara:

> *Na preparação e organização das exéquias, os sacerdotes não devem apenas ter diante dos olhos a pessoa de cada morto e as circunstâncias de sua morte, mas também, afável e compreensivamente, devem considerar a dor e as necessidades da vida cristã dos familiares. Especial atenção tenham para aqueles que, presentes às celebrações litúrgicas e à leitura do evangelho por ocasião das exéquias, não são católicos ou, se católicos, raramente ou jamais participam da eucaristia, ou, simplesmente, parecem ter perdido a fé: os sacerdotes são ministros do Evangelho de Cristo para todos* (REx 18).

---

[12] Oração eucarística IV.

O ritual não fica somente em recomendações. Em toda a sua estrutura, nas orações, leituras, símbolos, e gestos percebem-se, de forma clara, a preocupação pastoral e a intenção de evangelizar.

A celebração deixou de ser ato exclusivo do ministro e adquiriu um tom mais eclesial e comunitário. Já não se reza apenas pelo defunto, mas também pelos vivos provados pela dor. A dimensão comunitária faz parte da identidade cristã, até na hora da morte. Daí a importância da presença da comunidade cristã na celebração de exéquias de um de seus filhos.

Foram abandonadas orações que pediam para que as almas fossem libertadas das "penas infernais", do "abismo impenetrável", da "boca do demônio", das "regiões tartáricas". As preces agora afirmam que *na casa do Pai há muitas moradas, as sombras de morte se transformam em aurora de vida, no céu nos foi preparada uma festa que nunca se acaba*, e pedem para *celebrar a festa do novo céu e da nova terra, habitar para sempre os vossos átrios, alegrar-se na glória do céu, viver a eterna juventude na alegria do reino, consolar-nos com a certeza de que se vive eternamente no céu*.

Além das orações, o ritual propõe símbolos e ritos muito significativos e eficazes. Por exemplo: a cor dos paramentos (cf. REx 22.6); a posição do corpo na igreja: se leigo, com o rosto voltado para o altar; se ministro sacro, com o rosto voltado para o povo (cf. REx 38); e outros símbolos cristãos como o círio, a cruz, a Bíblia, as flores, o incenso, a água benta, as procissões e o silêncio.

O círio lembra que Cristo ressuscitado, primícia dos que morreram, ilumina a vida do cristão desde o seu batismo até o momento de sua passagem para a eternidade. A cruz recorda que a morte de Cristo é paradigma da morte do cristão. A Bíblia mostra que a Palavra de Deus foi luz para os pés daquele que acaba de chegar ao fim de sua peregrinação terrena. As flores falam dos sentimentos das pessoas amigas do defunto, e dos enlutados; expressam participação na dor e no luto e, ao mesmo tempo, indicam esperança de vida. O incenso é um sinal de respeito ao corpo que desde o batismo foi templo do Espírito Santo; tem também um sentido sacrificial: assim como se queima para exalar um agradável perfume, da mesma forma o cristão, com sua morte, consuma o sacrifício de suave perfume que durante toda a sua vida ofereceu a Deus (cf. Fl 4,18; 2Cor 2,15). A água benta e sua aspersão lembram o batismo que nos fez entrar na dinâmica pascal e participar da paixão, morte e ressurreição do Senhor; assim como no batismo os familiares traçaram o sinal-da-cruz na fronte da criança, agora todos são convidados a fazer o mesmo sobre o corpo do que morreu enquanto o aspergem. As procissões recordam que todos vivemos como peregrinos nesta terra e que a morte é também uma viagem para a eternidade.

Acima de qualquer rito ou oração, no entanto, está a Palavra de Deus que, mais do que qualquer outro elemento, assegura às exéquias sua dimensão pascal. O ritual prevê celebração da Palavra nas seguintes ocasiões:

velório (tantas vezes quantas se acharem oportunas; o ritual que está sendo proposto para o Brasil apresenta três modelos); encomendação (na igreja, na capela mortuária, ou no crematório, se for o caso); cemitério (na hora de sepultar o corpo, ou depositar a urna com as cinzas).

Na celebração da Palavra, a homilia ocupa um lugar de destaque. Nela, além de *despertar a esperança de um novo encontro no Reino de Deus, ensina-se o respeito para com os mortos e exortam-se os fiéis a dar, por toda parte, o testemunho de uma vida cristã* (REx 11). Sem excluir a possibilidade de breve e singela alusão à vida cristã do defunto, é preciso que se evite qualquer tipo de elogio fúnebre, pois na celebração de exéquias, como em qualquer outra celebração, não deve haver nenhuma acepção de pessoas ou de classes sociais (cf. REx 41 e 20, IGMR 338).

Essa orientação não pode, porém, levar ao extremo oposto do uniformismo e da total falta de diferenciação. O próprio ritual lembra que é preciso levar em conta a situação concreta das pessoas que participam da celebração e o bom senso aconselha a observar as circunstâncias em que a morte ocorreu, além de atender às características do defunto, tais como sua vinculação com a comunidade e seu envolvimento com a sociedade.

Resumindo

• *A ressurreição dos mortos é o ponto central da fé cristã. Sem ela, não teríamos por que viver. A celebração das exéquias, sem mascarar a dor provocada pela morte, é uma afirmação decidida dessa fé. Para muitos católicos, as exéquias são as raras oportunidades de escutar uma palavra de fé e ser evangelizados. Os ministros de exéquias, por isso, devem estar muito atentos, preparando com grande cuidado e celebrando com muita dignidade os funerais dos fiéis. Só Deus conhece a fé das pessoas. Por isso, não é conveniente que os ministros se neguem a celebrar as exéquias de quem julgam ter vivido sem fé.*

Para pensar, trocar idéias e experiências

1. Qual o sentido que costumamos dar à morte?

2. Qual o sentido cristão da morte e em que medida ele se aproxima do sentido dado pelas pessoas?

3. Como está organizada a pastoral das exéquias na sua paróquia e quais os impasses enfrentados? O que poderá ser feito para melhorá-la?

Bibliografia complementar

a) Textos oficiais

CIC: *Os funerais cristãos* (1680-1690).

Ritual de exéquias.

b) Outros

BROVELLI, F. Exéquias. In: *DILI*, pp.426-436.

LLOPIS, J. Exéquias. In: BOROBIO. D. (org.). *A celebração na Igreja.* São Paulo, Loyola, 1990. v. 2 (Sacramentos).

ROUILLARD, Ph. Os ritos funerais. In: AA.VV. *Os sacramentais e as bênçãos.* São Paulo, Paulinas, 1993. pp. 227-265.

SICARD, D. A morte do cristão. In: MARTIMORT, A. G. *A Igreja em oração.* Petrópolis, Vozes, 1991. v. 3 (Os sacramentos), pp. 192-206.

Capítulo sexto

O MISTÉRIO CELEBRADO AO LONGO DO TEMPO

Ione Buyst

> *Que haja luzeiros no firmamento do céu*
> *para separar o dia e a noite; que eles sirvam de sinais,*
> *tanto para as festas quanto para os dias e os anos* (Gn 1,14).

As celebrações litúrgicas da comunidade cristã têm uma estreita relação com o tempo. Elas 1) acontecem num determinado momento do dia, da semana, do ano, ou num momento especial da vida de uma pessoa, de uma comunidade, de um povo; 2) expressam o sentido do tempo e da vida humana com base na Páscoa de Jesus, o Cristo.

A primeira relação é um tanto fácil de entender. Trata-se de uma estrutura cronológica, um calendário, que regula os momentos de celebração de uma determinada Igreja. Mas o mais importante é entender a segunda relação: a do sentido do tempo e da história humana expresso nessa estrutura.

Este capítulo tratará tanto da organização do tempo litúrgico quanto de sua teologia, relacionada com o sentido do tempo e da história na vida humana com base no núcleo central de nossa fé: o mistério da Páscoa de Jesus.

As palavras-chave que iremos trabalhar neste capítulo são: *kairós* (tempo qualitativo, divino), parusia (vinda definitiva, na glória), domingo (dia do Senhor), *ephápax/hosákis* ("uma vez por todas"/"toda vez que") e hoje.

Palavras-chave já trabalhadas no volume anterior: memória, mistério pascal.

1. VIDAS MARCADAS PELO TEMPO

Nossa vida transcorre num emaranhado de ritmos e tempos: os ritmos e tempos da vida de cada um(a) de nós, os ritmos e tempos da natureza, os ritmos e tempos da vida em sociedade etc. Nascemos, crescemos, passamos por todas as etapas da vida, e sabemos que um dia, implacavelmente, a morte nos colherá. A respiração e as batidas de nosso coração acusam que estamos vivos(as). O nascente e o poente, as fases da lua, a alternância das estações etc. determinam em boa parte nossas atividades e nossos relacionamentos, ainda que de forma bem diferente, dependendo do lugar em que vivemos (se no campo ou na cidade), dependendo também da cultura na qual estamos inseridos(as), dependendo ainda de nossa saúde ou de nossa condição social. A vida em sociedade também tem seus ritmos e tempos: trabalho (ou emprego e desemprego!) e descanso, festa ou lazer; eleições etc. O ritmo e o rumo da história nos interpelam: Para onde vamos? Quem conduz a história? Será tudo puro acaso? Os pobres estarão condenados a sofrer para sempre? Tem sentido lutar por melhores condições de vida e por um mundo mais humano? Qual o sentido de nosso caminhar histórico, pessoal e coletivo? E o cosmo, com o movimento de planetas, estrelas, poeira cósmica? De onde vem e qual é seu destino?

2. A COMPREENSÃO DO TEMPO NA TRADIÇÃO JUDAICA

O povo judeu é muito sensível à temporalidade. Apresenta-nos Deus inserido no tempo, na história. A ocasião da oração e da celebração se torna, então, um momento no qual o ser humano, finito, de alguma forma transcende o tempo e tende para a eternidade na comunhão com Deus, o Eterno.

O tempo tem começo (na criação realizada por Deus "no princípio"), continuidade (marcado pela promessa de Deus e pela profecia) e fim, plenitude (*éschaton*, parusia). É marcado pelas intervenções gratuitas, inesperadas, do Senhor na história de seu povo, em determinados momentos de sua história; por exemplo: êxodo, exílio, volta do exílio. Esse "tempo de Deus" (*kairós*, tempo qualitativo, tempo divino) é mais importante do que o tempo cronológico (*chrónos*, tempo quantitativo, linear, medido por anos, meses, dias, minutos e segundos). Todos os acontecimentos significativos da vida são referidos ao Senhor; é no amor que ele tem por nós, é na intimidade da relação com ele, que o povo judeu encontra o sentido profundo e a razão de ser e de viver, mesmo nas situações mais duras e sofridas. Por isso, o povo judeu celebra seu Senhor, fazendo uma memória ritual para lembrar com carinho os fatos significativos das intervenções do Senhor na história, implorando sua ajuda no momento atual (hoje!), olhando com esperança para o futuro, no qual as promessas do Senhor serão realizadas plenamente, pois ele é o Senhor da história e o responsável por levá-la a bom termo.

O *sabá* (sábado) é um dia para o Senhor, para recordar a aliança com o Eterno e a libertação da escravidão. As festas, que antes estavam ligadas ao tempo cósmico ou à agricultura, transformam-se em "memória" de fatos "históricos" da caminhada do povo. A Páscoa é exemplo disso. Originalmente era uma festa da primavera; os pastores ofereciam as primícias de seus rebanhos, e os lavradores os primeiros frutos de seus campos. Depois, a festa recebeu um sentido histórico, como memória da saída do Egito, da libertação da escravidão. Pentecostes era inicialmente uma festa que encerrava as sete semanas (cinqüenta dias) da colheita iniciada na Páscoa; era a "festa das semanas", da qual fala Ex 34,22, ou a "festa da colheita" (cf. Ex 23,16). Mais tarde, foi relacionada com a entrega da Torá na assembléia no Sinai, e começou a ser chamado de "festa da aliança".

Essa maneira de ver o tempo e sua relação com Deus, típica do povo de Israel, é muito diferente da de outros povos, como, por exemplo, os gregos; estes pensam a relação com Deus fora da história, num tempo sagrado sem relação com a realidade comum, num "eterno retorno", sem começo nem fim; suas festas não têm sentido de "memória" da intervenção de Deus em fatos históricos como no caso do povo judeu.

3. A MANEIRA CRISTÃ DE ENTENDER O TEMPO

Nós, cristãos, herdamos do povo judeu sua maneira de ver o tempo, marcada por eventos significativos de intervenção do Senhor na história. A novidade é que, do ponto de vista da fé cristã, o evento decisivo, a intervenção definitiva de Deus na história, dá-se na pessoa de Jesus, o Cristo. Com sua morte-ressurreição já se iniciou entre nós o "fim", o *éschaton*, a eternidade, a plenitude do tempo, o Reino de Deus, como visita de Deus, como graça transformadora. Por isso, na vigília pascal, ao inscrever no círio pascal a cruz, os números do ano corrente e as letras A e Z, o ministro diz:

> *Cristo, ontem e hoje, Princípio e Fim, A e Z,*
> *A ele o tempo e a eternidade, a glória e o poder pelos*
> *séculos sem fim. Amém.*

Na pessoa de Jesus, o Cristo, a eternidade irrompeu na história, transformando-a, dando-lhe um novo sentido. Deus teve compaixão de seu povo e veio para salvá-lo, para libertá-lo, para cortar as suas amarras, para renová-lo, para recriá-lo. A partir de então, os tempos do ser humano, os "nossos" tempos, vêm carregados, "informados" e transformados pelo mistério de Cristo, por sua vida humano-divina, por seu Espírito criador e vivificador. E, assim, tomamos alento, vivemos na alegria, mesmo em meio às dificuldades; pautamos nossa vida e avaliamos todos os acontecimentos, tendo como referência o Reino iniciado por Jesus. Vejamos alguns textos bíblicos que falam disso:

- *Gl 4,4: Quando chegou a plenitude dos tempos, enviou Deus o seu Filho, nascido de uma mulher, nascido sob a Lei.*

- *Ef 1,9-10: Dando-nos a conhecer o mistério da sua vontade, conforme decisão prévia que lhe aprouve tomar, para levar o tempo à sua plenitude: a de em Cristo encabeçar todas as coisas, as que estão no céu e as que estão na terra.*

- *Hb 13,8: Jesus Cristo é o mesmo, ontem e hoje; ele o será para a eternidade!*

- *Ap 1,17-18: "Não temas! Eu sou o Primeiro e o Último, o Vivente; estive morto, mas eis que estou vivo pelos séculos dos séculos, e tenho as chaves da Morte e do Hades (o lugar dos mortos).*

Trata-se, no entanto, de uma realidade ainda incipiente, não plenamente presente, ainda não devidamente realizada. Como numa gravidez, que leva nove meses até que a nova vida seja dada à luz, a história está prenhe de Deus, aguardando o momento da plena manifestação: *A criação inteira geme e sofre as dores do parto até o presente. E não somente ela. Mas também nós que temos as primícias do Espírito, gememos interiormente, suspirando pela redenção de nosso corpo* (Rm 8,22-23). Há um movimento dinâmico em direção à parusia, à volta gloriosa do Senhor, quando se dará o pleno "ad-vento" (vinda, chegada, realização) do Reino de Deus, quando *Deus será tudo em todos* (1Cor 15,28). Assim, vivemos entre a Páscoa e a parusia, entre o "já" e o "ainda não". Nossa vida continua marcada pela esperança, pela expectativa daquilo que há de vir, embora sabendo e experimentando, desde já, a presença da nova vida.

> *Coisa curiosa. Sempre pensamos que o tempo fosse um rio fluindo sem parar e nós, navegantes, indo do passado para o futuro. E agora se diz que do futuro, do ainda não, vem alguma coisa. Quebra-se a continuidade do passado, rasgam-se as mortalhas herdadas, rompe-se o domínio dos mortos. Surge um tempo novo, não da história dos homens, mas da graça de Deus, do inesperado, do Mistério.*[1]

4. UM TEMPO PRÓPRIO PARA A CELEBRAÇÃO DO MISTÉRIO CRISTÃO

As celebrações litúrgicas são realizadas em momentos marcantes de "nossos" tempos: no ritmo diário, semanal e anual, acompanhando os ritmos da vida de cada um de nós, celebrando os acontecimentos históricos atuais. De onde veio, porém, essa organização? Quem a introduziu?

Tudo começou assim: os primeiros seguidores de Jesus, o Cristo, eram todos judeus. Depois da morte-ressurreição de Jesus, continuaram participando das celebrações judaicas. Pouco a pouco, porém, foram surgindo celebrações propriamente cristãs. Assim, no final da celebração do sábado, foi surgindo o costume de reunir-se entre cristãos para celebrar a vitória pascal de Jesus, no dia de sua ressurreição, ou seja, no primeiro dia da semana. Vejam-se, por exemplo, Mt 28,1; Mc 16,2; Lc 24,1; Jo 20,1.19.26; 1Cor 16,2; At 20,7. Comentavam a Sagrada Escritura (em chave cristã) e

---

[1] ALVES, R. *Variações sobre a vida e a morte;* o feitiço erótico-herético da teologia. 2. ed. São Paulo, Paulus, 1985. p. 198.

faziam a fração do pão (eucaristia). O Novo Testamento atesta essas reuniões. Veja-se, por exemplo, At 20,7-12; em Ap 1,10 o primeiro dia da semana recebe um nome próprio, cristão: domingo, isto é, dia do Senhor (em grego, *kyriaké hemera*), referindo-se ao título divino — "Senhor" — com o qual Jesus é chamado a partir de sua ressurreição (cf. Rm 1,3-4). A festa anual judaica da Páscoa recebe uma interpretação cristã em 1Cor 5,7-8: *Nossa Páscoa, Cristo, foi imolada. Celebremos, portanto, a festa, não com velho fermento, nem com fermento de malícia e perversidade, mas com pães ázimos, na pureza e na verdade.* Provavelmente, a primeira geração de cristãos já celebrava anualmente sua Páscoa própria, na mesma época da Páscoa judaica. Há indícios de que do século II ao IV, essa celebração comportava dois ou três dias de jejum (por causa da morte de Jesus), seguida da celebração eucarística. Houve sérias e longas brigas para haver um acordo sobre a data da celebração da Páscoa cristã. Os cristãos de Antioquia, na Ásia Menor, queriam manter o dia da Páscoa judaica (14 de Nisã [março/abril]); os de Alexandria, no Norte da África, insistiam em que a celebração fosse no domingo seguinte a essa data, porque queriam manter o jejum desde o dia da morte de Jesus até o dia de sua ressurreição. No Concílio de Nicéia, em 325, optou-se pela prática dos cristãos de Alexandria e a celebração da Páscoa foi fixada no domingo.

Aqui temos, portanto, o núcleo primitivo do tempo litúrgico: antes de tudo, o domingo, como Páscoa semanal; depois, a Páscoa anual, no domingo depois do dia 14 de Nisã (ou seja, no domingo seguinte à lua cheia do equinócio da primavera do hemisfério norte). Podemos acrescentar ainda que o costume da oração judaica em determinadas horas do dia foi-se cristianizando até formar o que hoje chamamos de "Liturgia das Horas" ou "Ofício Divino".

Em torno desse núcleo central, pouco a pouco foram surgindo outras festas, para celebrar os vários mistérios de Cristo (encarnação, paixão, ascensão, envio do Espírito Santo, vinda gloriosa) e também o mistério de Cristo presente na vida dos mártires, da santa Virgem Maria e dos outros santos.

À medida que o cristianismo entrou em contato com outras culturas, assumiu algumas das datas festivas delas, conferindo-lhes um significado cristão, como aconteceu, por exemplo, com a festa do Natal. Ao longo do tempo, o calendário litúrgico cresceu, nem sempre de forma ordenada. Por isso, o Concílio Vaticano II, baseado em longos anos de pesquisa, reestruturou o tempo litúrgico, recuperando a centralidade do mistério pascal. Nem sempre, porém, a prática pastoral acompanha essa renovação conciliar e tampouco parece estar conseguindo dialogar com o sentido do tempo nas culturas locais atuais. Todavia, onde quer que a fé se encarne, o Espírito Santo há de suscitar a necessária criatividade para uma liturgia devidamente inculturada, também no que diz respeito aos tempos litúrgicos. Assim como no passado o ano litúrgico foi crescendo no encontro do Evangelho com as culturas locais (grega, romana, franco-germânica, eslava, bizantina), assim deverão surgir sempre novas expressões, novas estruturas "temporais", com base no encontro do Evangelho com a cultura urbana, com as culturas indígenas, afro-americanas, de população de rua etc., completando ou atravessando o ano litúrgico já existente. Não deveríamos assumir as manifestações das estações da natureza específicas de cada hemisfério, a fim de que sejam trabalhadas como sinais sensíveis nos vários tempos litúrgicos? Por exemplo, não poderíamos associar as chuvas de dezembro em muitas regiões à temática da justiça no tempo do advento: *Das alturas orvalhem os céus e as nuvens que chovam a justiça* (Sl 85)?

Na verdade, é o tempo humano em sua totalidade que é atingido pela Páscoa de Cristo, e as celebrações litúrgicas procuram expressar essa verdade de nossa fé de forma simbólico-sacramental. A seguir, percorreremos a organização atual dos tempos litúrgicos da Igreja Católica pós-Vaticano II, em seu ritmo diário, semanal e anual; lembraremos ainda a existência de celebrações que acompanham os momentos significativos da vida pessoal, comunitária e social. Antes, porém, acrescentaremos algumas palavras sobre a sacramentalidade do tempo litúrgico.

> *Descobrir Deus na história, como várias vezes sugere a teologia bíblica, é o empenho principal do fiel. Por isso, a religião bíblica é por excelência uma religião do tempo, que visa à santificação do tempo, e sua liturgia é uma arquitetura construída no tempo [...]; a busca de Deus no tempo é uma tarefa árdua.*[2]

5. A SACRAMENTALIDADE DO TEMPO LITÚRGICO

A organização do tempo na liturgia faz parte de sua estrutura simbólico-sacramental. Aos "sinais sensíveis", como o amanhecer e o entardecer por exemplo, ou à mudança das estações climáticas, associamos a realidade central de nossa fé: o mistério pascal de Jesus. Assim, pela memória litúrgica repetida em determinadas horas do dia, em determinado dia da semana e em determinados tempos ou datas do ano, o mistério da Páscoa de Jesus é como que desdobrado ao longo do tempo, possibilitando nossa participação ritual nele.

Pela memória litúrgica, o fato decisivo, quando Deus interveio de *uma vez por todas* em nossa história na pessoa de Jesus (*ephápax* — cf. Hb 7,27; 9,12.24-28; 10,10), realiza-se sacramentalmente "hoje", ou seja, "toda vez que" (*hosákis*) tornamos este fato presente por meio da ação ritual, litúrgica. Isso vale em primeiro lugar para a celebração eucarística (cf. 1Cor

---

[2] RAVASSI, G. O tempo, templo de Deus. In: ALEXANDER, P. (org.). *Enciclopédia ilustrada da Bíblia*. São Paulo, Paulus, 1987. pp. 363-364.

11, 23-26), mas vale igualmente para a celebração do mistério de Cristo nos diversos tempos e festas. Esse é o ensinamento que nos vem da antiga tradição e que foi retomada pelo Concílio Vaticano II. É por isso que santo Agostinho chama o domingo de *"sacramento* da Páscoa", o papa Leão Magno chama o Natal de *"sacramento* da natividade do Senhor", e o papa Paulo VI, no texto em que introduz as Normas universais do ano litúrgico e o novo calendário romano, diz que *o ano litúrgico goza de força sacramental e especial eficácia para nutrir a vida cristã.*

De que maneira as festas e tempos celebrados por nós podem eficazmente atuar em nossa vida e transformar-nos com a graça de Deus? Participando ativamente da ação ritual, ou seja, reunindo-nos em assembléia, cantando e orando juntos, ouvindo e interpretando atentamente as leituras bíblicas, realizando as ações rituais (principalmente a ação eucarística), entramos em sintonia com o Cristo presente e atuante por meio de seu Espírito transformador. Cada festa e cada tempo litúrgico têm elementos rituais próprios que expressam o sentido teológico-litúrgico e levam-nos à atitude espiritual correspondente: leituras bíblicas, cantos (salmos, hinos, antífonas, responsos, refrões meditativos), orações, gestos e ações simbólicas, cores etc. Por isso, ao estudar um determinado tempo litúrgico, ou ao celebrá-lo, devemos prestar atenção a esses elementos.

Assim, por exemplo, quando na festa do Natal cantamos atentamente, espiritualmente, a antífona do invitatório, anunciando uns aos outros o mistério dessa festa, uma alegria profunda toma conta de nós e dissolve nossas mágoas, nossos ressentimentos, as trevas de nosso coração: *Hoje uma luz brilhou para nós! Hoje nasceu-nos o Cristo Senhor!* Repare-se a palavra "hoje"; aparece em muitos textos litúrgicos e indica o sentido atualizador da memória litúrgica. No Evangelho ouvimos os anjos dizerem aos pastores: *Hoje nasceu para vocês um Salvador!*; e nós nos identificamos com os pastores, e sabemos que esta palavra é dirigida a nós hoje, à nossa comunidade, pobre e confiante. Quando se proclama no prefácio que Deus *entrou na história da humanidade para erguer o mundo decaído*, podemos ver nossa realidade sofrida como que iluminada pela presença do Senhor. Na ação ritual da memória litúrgica "acontece para nós" aquilo que é proclamado e anunciado nas leituras, nos cantos, nos gestos, nas ações simbólicas etc. Jesus não nasce outra vez em Belém. Tampouco se trata de um "aniversário" de Jesus. A encarnação de Deus realiza-se misticamente; é atualizado em nós, seu povo. O Eterno toma corpo em nossa realidade humana, na pobreza de cada um(a) de nós que o acolhemos. Ele nos diviniza, nos renova por dentro, nos faz atuar com novo vigor graças à renovada promessa de novos tempos. O futuro é antecipado na memória litúrgica:

> *Não existem, propriamente falando, três tempos: o passado, o presente e o futuro; mas somente três presentes: o presente do passado, o presente do presente e o presente do futuro* (Santo Agostinho, *Confissões*, XI, 20, 1).

6. O RITMO DIÁRIO

O dia litúrgico é marcado principalmente por dois momentos fortes na Liturgia das Horas: o ofício da manhã e o ofício da tarde. A esse dois elementos, acrescente-se a vigília, principalmente aos domingos e grandes festas.

A Liturgia das Horas será tratada em capítulo à parte; por isso, ressaltamos aqui apenas alguns elementos:

O símbolo principal é a luz: o sol, as velas.

O sentido de cada ofício (expresso principalmente nos hinos):

a) *Ofício da manhã*: nascente, amanhecer, madrugada, manhã, novo dia, simbolizando a ressurreição de Cristo e nossa ressurreição nele.

b) *Ofício da tarde*: poente, entardecer, noite, trevas, escuridão, simbolizando a morte; porém, acendemos nossas velas, expressando a fé na ressurreição.

c) *Ofício de vigílias*: noite ou madrugada, aguardando o amanhecer, esperando pela vinda de Jesus, pela vinda do Reino (*Venha a nós o vosso Reino!*).

A Liturgia das Horas acompanha os tempos do ano litúrgico; há textos (principalmente hinos, antífonas, leituras e orações) próprios para cada tempo ou festa.

Quem ainda não tem oportunidade de celebrar o Ofício Divino ou Liturgia das Horas (que ficou por muitos séculos restrito ao clero), poderá dedicar esses tempos diários à oração, à leitura da Sagrada Escritura, à meditação.

7. O RITMO SEMANAL

Entre os sete dias da semana, um se destaca: o domingo, primeiro dia da semana, dia do Senhor, memória da ressurreição de Jesus, o Cristo. É a Páscoa semanal, dia de "festa primordial" dos cristãos (cf. SC 106), dia da recriação de todas as coisas em Cristo, dia da libertação de todas as escravidões e da antecipação da festa do Reino. É também o Pentecostes semanal, dia do dom do Espírito Santo e de nossa renovação nele (cf. *Dies Domini*, n. 28).[3] O domingo foi chamado ainda de "dia do sol" (nome que até hoje vigora nas línguas germânicas: *sunday* [inglês], *Sonntag* [alemão], *Zondag* [holandês], *Sondag* [dinamarquês]), no qual os cristãos teriam substituído o dia consagrado ao deus-sol e ao imperador romano, pela memória de Jesus Cristo, Sol da justiça, Senhor dos senhores. Dia de alegria,

---

[3] Não deixem de ler ou estudar juntos esta carta apostólica *Dies Domini,* sobre a santificação do domingo, do papa João Paulo II.

de descanso (quando possível), dia de solidariedade; dia santificado, dia para o Senhor, para viver em sua intimidade, no louvor e na ação de graças.

O que caracteriza a celebração litúrgica do domingo?

a) É o dia da reunião semanal dos cristãos, dia de assembléia litúrgica. Vejam um dos mais antigos textos que falam dessa prática: *Nós nos reunimos no dia do sol, pois é o primeiro dia em que Deus criou o mundo e transformou as trevas e o caos, e no mesmo dia Jesus Cristo, nosso Salvador, ressuscitou dos mortos* (JUSTINO, I. *Apologia,* 67).

b) É dia de celebração eucarística que é memória da paixão, morte, ressurreição e glorificação do Senhor; é profecia do Reino. Onde não for possível celebrar a eucaristia, o dia do Senhor é comemorado com uma celebração da Palavra, com ação de graças. Por ser um assunto que, em alguns lugares atinge a maioria das comunidades (no Brasil, são 70%, conforme dados da CNBB), dedicaremos um capítulo inteiro a essa celebração.

c) A assembléia litúrgica é caracterizada pela alegria e clima de festa, pelo encontro dos membros da comunidade entre si e com o Ressuscitado. Música, dança, flores, incenso, abraço da paz, partilha de alimentos e partilha de bens (dízimo, donativos etc.), são elementos rituais preciosos.

d) Três elementos rituais, além da assembléia, da Palavra e da eucaristia, ajudam a realçar o sentido pascal e batismal do domingo: a) a aspersão com água no lugar do rito penitencial (cf. apêndice no missal romano); b) a profissão de fé (Creio) renovando nossa adesão ao Senhor; c) acendimento do círio pascal, mesmo fora do tempo pascal (exceto no advento e quaresma).

e) Algumas comunidades começam a redescobrir a vigília no sábado à noite, com a qual se inicia o domingo, expressando e intensificando nossa espera da vinda do Reino. (Vejam mais adiante, no capítulo sobre a Liturgia das Horas).

f) A exemplo da tradição judaica do *shabbath* (sabá), as famílias e comunidades religiosas poderiam fazer no sábado à noite uma ceia (ou lanche, ou jantar festivo), com acendimento de velas, com cantos e orações.

No dia do Senhor, deixem tudo e zelosamente corram à sua assembléia, porque é o louvor de vocês a Deus. Caso contrário, que desculpa terão junto de Deus aqueles que não se reúnem, no dia do Senhor, para ouvir a palavra de vida e nutrir-se do alimento divino que permanece eternamente?
(*Didascália dos apóstolos,* II, 59, 2-3, 170-171).

Viver o domingo, porém, não se restringe à celebração litúrgica. É o dia todo que deve ser vivido na alegria da ressurreição, no descanso do trabalho, na convivência fraterna, com leitura espiritual, gestos de solidariedade e de construção da paz, em contato restaurador com a natureza.

Na sociedade atual, é difícil viver o domingo como "dia do Senhor". O excesso e o peso do trabalho, até aos domingos, fazem com que as pessoas só queiram os poucos fins de semana livres para descansar, para divertir-se, para esquecer os problemas ou até para cuidar das inadiáveis tarefas domésticas. Outras pessoas tornaram-se como que escravas dos programas de televisão, ou não querem por nada perder o fim de semana no clube.

8. O RITMO ANUAL

O ano litúrgico: [...] exteriormente é computado com base no movimento da Terra em torno do Sol, mas cujo sentido íntimo é o da gravitação dos homens, da criação, do tempo, em torno de Cristo.[4]

O atual ano litúrgico na Igreja Católica Romana consta de dois tempos "fortes" (ciclo do Natal, ciclo da Páscoa) e o tempo comum.[5] Os tempos fortes constam de: a) um tempo de preparação; b) as festas centrais; c) um prolongamento. A comemoração dos santos e santas ocorre em datas fixas do calendário litúrgico.

8.1. O ciclo do Natal

a) Advento: quatro semanas, tempo de preparação, espera da vinda do Senhor no fim dos tempos e memória da encarnação de Deus em nossa humanidade. A partir do dia 17 (ou a partir do dia 15, levando em conta a prática da piedade popular da novena do Natal, ou das "pousadas"), "antífonas do Ó", aclamando o Cristo com títulos messiânicos: Mistério, Libertação, Sabedoria, Adonai (Senhor), Raiz de Jessé, Chave de Davi, Sol do Oriente, Rei das Nações, Emanuel (Deus-conosco). O advento nos ensina a confiar no futuro, na realização das mais profundas aspirações que habitam o coração humano. Como diz a sabedoria popular: O futuro, a Deus pertence!

b) Natal e Epifania: manifestação de Deus em nossa "carne" humana, aos pastores (representando os pobres) e aos magos do Oriente (representando as nações). O mistério do Natal faz-nos reconhecer, em cada ser humano, os traços divinos e, em cada realidade humana, por mais pobre que seja, a possibilidade da irrupção de vida renovada como presente de Deus.

---

[4] TRIACCA, A. M. Tempo e liturgia. In: *DILI*, p. 1172.

[5] Por razões de espaço, não é possível aqui uma comparação com a organização do ano litúrgico em outras Igrejas cristãs; mas seria bom informar-se a esse respeito nas Igrejas da cidade ou região.

c) Tempo do Natal, incluindo a festa da Sagrada Família e de Maria, Mãe de Deus: período marcado pela alegria da boa notícia dos anjos: *Hoje nasceu para vocês um salvador!*

A festa do Batismo do Senhor está como que na intersecção do tempo do Natal com o tempo comum. Celebra a manifestação de Jesus como Messias, por ocasião de seu batismo no rio Jordão: *Esse é meu Filho muito amado. Ouvi-o!*

8.2. O ciclo da Páscoa

a) Quaresma: quarenta dias de preparação às festas pascais. Inicia com a Quarta-feira de Cinzas. Consta de cinco domingos, mais o Domingo de Ramos e da Paixão. Vai até o início do tríduo pascal. Tradicionalmente é caracterizado pela observância do jejum, da oração e da esmola. Na prática atual, o jejum ficou bastante diluído; a oração vem completada com círculos bíblicos, vias-sacras, e reuniões de aprofundamento sobre temas relacionados com a conversão pessoal e social por ocasião da Páscoa. No Brasil, é muito forte a vivência da Campanha da Fraternidade. Em lugar da "esmola" caritativa, são propostas ações de solidariedade e organização dos pobres. É tempo de "deserto", de purificação, de revisão de vida, de renovação da opção de fé que iremos expressar na vigília pascal: *Renuncio..., creio...* Poucas comunidades têm consciência do caráter catecumenal do tempo da quaresma: é a última etapa de preparação dos que serão batizados na vigília pascal. As leituras bíblicas do ano A e os prefácios correspondentes realçam essa característica e preparam-nos para a renovação das promessas batismais.

b) Tríduo pascal com a celebração da Ceia do Senhor na Quinta-feira Santa; Sexta-feira Santa da Paixão do Senhor; Sábado Santo; VIGÍLIA PASCAL, iniciando o domingo da ressurreição. A vigília é o ponto alto do ano litúrgico. Para podermos participar dela plenamente, fazemos o caminho quaresmal e, a partir dela, teremos cinqüenta dias de festa, revigorando nossa fé no Cristo ressuscitado, princípio de um mundo renovado no amor e na justiça de Deus. A vigília comporta:

1) a celebração da luz com o acendimento do círio pascal e o "Exulte";

2) uma série de leituras bíblicas, retomando a história da salvação, a qual culmina na morte-ressurreição de Cristo;

3) a celebração do batismo e renovação das promessas batismais;

4) a celebração eucarística, banquete pascal.

c) Tempo pascal: cinqüenta dias, ou seja, sete semanas de festa, incluindo a festa da Ascensão do Senhor e a de Pentecostes. Aquele que os grandes deste mundo rejeitaram, condenaram, executaram na cruz, Deus o ressuscitou, glorificou, elevou e deu-lhe o poder de derramar sobre todo o universo o Sopro Divino, o Espírito Santo de Deus para renovar e recriar todas as coisas, a partir de Deus. Essa fé na ressurreição nos impulsiona e fundamenta todos os nossos esforços por um mundo fraterno, igualitário, solidário, sem exclusões, sem exploração, sem fome, sem miséria, sem destruição.

As comunidades de base expressam nossa fé pascal, cantando:

Nossa alegria é saber que um dia
todo este povo se libertará,
pois Jesus Cristo é o Senhor do mundo,
nossa esperança realizará!

8.3. O tempo comum

Consta de 33 ou 34 semanas, tendo como centro o domingo, dia do Senhor, dia da Páscoa semanal, como vimos anteriormente.

Na "mesa" da Palavra é-nos servido um rico cardápio de leituras bíblicas, percorrendo um ciclo de três anos (A, B e C), para que as passagens mais importantes da Sagrada Escritura sejam ouvidas e interpretadas. Em cada um dos três anos, lemos um dos evangelhos sinóticos: Mateus (A), Marcos (B) e Lucas (C). (O evangelho de João é lido nos tempos fortes do ano litúrgico, e a leitura do capítulo 6, sobre o pão da vida, vem completar a leitura do evangelho de Marcos, no ano B). Do chamado ao discipulado nos primeiros domingos do tempo comum, até o anúncio do "fim", nos últimos domingos, podemos acompanhar e somos identificados ao grupo dos discípulos que seguem Jesus em seu itinerário missionário. Assim, o mistério do seguimento de Jesus, pautado pelo relato dos evangelistas e pela ação eucarística, vai moldando nossa consciência e nosso coração, transformando nossa vida e orientando nossa missão na sociedade.

Passo a passo, lendo ao mesmo tempo as escrituras e nossa própria vida pessoal e social, vamos intuindo o sentido de nosso peregrinar pascal. O mistério de nossa própria vida vai sendo desvendado e iluminado com base no mistério da morte-ressurreição de Jesus. Vendo a nossa vida à luz da vida de Jesus, vamos percebendo a raiz profunda, o segredo íntimo que se esconde no âmago da realidade: Deus nos ama; ele nos convida e convoca para o amor, a solidariedade, a misericórdia — gestos divinos, serviços sagrados, que carinhosamente podemos prestar uns aos outros. A alegria e a gratuidade de uma festa, de uma visita, de um encontro, de uma vitória esperada há muito tempo, a satisfação que sentimos no trabalho realizado etc. são "sacramentos" de Deus. O sofrimento atroz do canceroso, do aidético e do paralítico não foi vontade de Deus; pois este acompanha cada momento da doença, dando força ao enfermo e sentido a seu sofrimento. A fome, a miséria, a corrupção e a desigualdade não fazem parte do projeto de Deus; pelo contrário, ele nos convoca para pôr um fim a tudo aquilo que diminui o dom precioso da vida que dele recebemos.

Assim, de domingo em domingo, de ano em ano, *vocês se tornarão capazes de compreender, com todos os cristãos, qual é a largura e o comprimento, a altura e a profundidade, de conhecer o amor de Cristo que supera qualquer conhecimento, para que vocês sejam repletos de toda a plenitude de Deus* (Ef 3,18-19).

As festas do Senhor no tempo comum (Apresentação, Anunciação, Trindade, Corpo e Sangue de Cristo, Sagrado Coração, Transfiguração, Cristo-Rei do Universo) são outros tantos aspectos do único e mesmo mistério de Cristo que nos ajudam a expressar e viver nossa fé.

8.4. O santoral

As festas de Maria, dos apóstolos e evangelistas, mártires (testemunhas) e dos outros santos e santas estão espalhadas ao longo do ano. Conforme o grau de importância, teremos: solenidade, festa ou memória. Em cada uma delas celebramos o mistério de Cristo transparecendo na vida desses santos(as). Podemos invocar sua intercessão e somos convidados(as) a seguir seu exemplo.

Na América Latina não podemos deixar de celebrar o aniversário da morte daqueles que reconhecemos como "nossos" mártires, pois deram a vida pelo Reino, na luta por justiça, cidadania e melhores condições de vida para as populações excluídas. Deveremos incluir seus nomes no calendário litúrgico de cada país e região.

Ao lado do calendário oficial, existe na prática o calendário popular com festas de santos comemoradas pelo povo e que foram eliminadas ou nunca constaram do calendário oficial.

Atenção!

Às vezes, o ano litúrgico é apresentado graficamente como um círculo. Melhor seria pensar numa espiral: de ano em ano vamos crescendo em direção à plenitude:

> *Por ele (Jesus Cristo), eu perdi tudo, e tudo tenho como esterco, para ganhar Cristo, [...] para conhecê-lo, conhecer o poder de sua ressurreição e a participação nos seus sofrimentos, conformando-me com ele na sua morte, para ver se alcanço a ressurreição de entre os mortos [...]. Esquecendo-me do que fica para trás, e avançando para o que está adiante, prossigo para o alvo, para o prêmio da vocação do alto, que vem de Deus em Cristo Jesus* (Fl 3,7-17).

9. ACOMPANHANDO OS RITMOS DA VIDA DE CADA UM DE NÓS

Sacramentos e sacramentais acompanham as etapas do tempo biológico e existencial do ser humano, na comunidade cristã. Santificam os momentos significativos da vida pessoal, do nascimento (da concepção) até a morte. Inserem-no no "tempo crístico".

Ao mesmo tempo, estas fases da vida (nascimento, crescimento, morte) tornam-se imagens para expressar a "peregrinação" do ser humano, sua busca do transcendente e o crescimento da vida nova em Cristo. Por exemplo, batismo é novo nascimento; nossa morte é entendida e vivida como "Páscoa", passagem definitiva para a casa do Pai. Enquanto o *chrónos* nos leva ao envelhecimento, o tempo crístico nos faz novas criaturas: *Embora o ser humano exterior vá caminhando para a sua ruína, o ser humano interior se renova dia-a-dia* (2Cor 4,16).

10. CELEBRANDO OS ACONTECIMENTOS HISTÓRICOS

Numa leitura dos acontecimentos à luz de nossa fé, procuramos reconhecer os sinais dos tempos (cf. Mt 16,1-4; Lc 12,54-56), sinais da presença de um tempo maior, divino, sagrado, ilimitado e eterno, dentro de nosso tempo limitado; sinais da presença ativa e libertadora, de Cristo com seu Espírito, nas realidades históricas.

A liturgia explicita isso e incorpora a todo momento o sentido dos fatos novos. Como?

a) Antes de tudo, em toda e qualquer celebração litúrgica é preciso "atualizar" o mistério celebrado, ou seja, cuidar para que seja reconhecido e vivido na realidade diária, pessoal e social. Embora seja principalmente da homilia, os cantos, as preces, as orações e a meditação pessoal também têm um papel indispensável nisso. A recordação da vida deve garantir a comunicação dos fatos importantes da vida, de modo que possam ser contemplados e discernidos à luz do mistério celebrado. Isso vale não somente para as celebrações de domingo e do ano litúrgico, mas também para batizados, casamentos, bênçãos, ordenações, profissão religiosa, unção dos enfermos, enterros, Liturgia das Horas etc. A relação que estabelecemos, assim, entre mistério celebrado e mistério vivido leva-nos a expressar nossos pedidos e nossa ação de graças ao Senhor.

b) Há circunstâncias da vida social que se impõem com muita evidência e requerem uma celebração própria. O missal romano prevê algumas dessas circunstâncias: seja da vida eclesial (concílio, sínodo, cristãos perseguidos, reunião espiritual ou pastoral), seja em relação ao bem público (pátria, cidade, governantes, conservação da paz e da justiça, guerra ou calamidade), ou com diversas circunstâncias da vida pública (santificação do trabalho, sementeira, colheitas, tempo de fome, pelos refugiados e exilados ou submetidos ao cativeiro, em tempo de terremoto), ou ainda em relação a algumas necessidades particulares (para promover a concórdia, pela família, por aqueles que nos afligem).

Na atualidade de cada povo ou de vários grupos sociais, outras realidades se impõem e merecem ser celebradas de forma litúrgica nas comunidades eclesiais. É o caso, por exemplo, das ocupações de terras e casas para garantir as mínimas condições de sobrevivência, negadas por uma sociedade organizada injustamente. É o caso também das grandes romarias que foram surgindo nas últimas décadas, relacionadas com graves problemas sociais: as romarias da terra, dos trabalhadores, do povo de rua, dos migrantes, dos sem-casa, dos mártires. É o caso ainda dos aniversários dessas datas especiais em que o povo reconheceu a mão de Deus em sua luta por vida digna, por uma sociedade justa e fraterna, por cidadania, por melhores condições de vida das populações excluídas. O *Ofício Divino das Comunidades* traz ofícios para encontros pastorais, romarias, tempo de colheita, mutirões, súplicas, ação de graças, bênção de uma casa, enfermos, lutas e paz.

Em todas essas ocasiões, há momentos de leitura da realidade à luz da Sagrada Escritura; há momentos de súplica e intercessão em que o povo faz subir seu clamor a Deus para que este "desça" e intervenha; há momentos de louvor e ação de graças, pois é forte a fé na presença libertadora do Senhor no meio de seu povo oprimido e necessitado; há o momento de renovar nosso compromisso com a continuidade da "luta", da organização, da solidariedade. Os participantes saem renovados em sua fé e em seu compromisso.

Por tratar-se geralmente de celebrações massivas, não deixam de ter também um caráter de protesto, de denúncia pública perante a sociedade, chamando a atenção das autoridades e conclamando outros cidadãos para somar forças.

Resumindo

• *O núcleo central da organização do tempo na liturgia é o mistério da Páscoa de Jesus. Em Jesus, os primeiros cristãos reconheceram o Messias, o esperado, o libertador, o salvador. Sua morte-ressurreição foi para eles o sinal da intervenção decisiva de Deus na história e o começo da parusia, da plenitude, da plena realização do Reino de Deus. Por isso, pouco a pouco foram substituindo o Sábado, como dia sagrado ao Senhor, pelo "primeiro dia da semana", dia da ressurreição de Jesus. Mais tarde, outros dias sagrados do povo judeu foram sendo reinterpretados com base em Jesus, o Cristo, principalmente as festas da Páscoa e de Pentecostes. O mesmo aconteceu com as várias horas da oração diária. Nessa prática das comunidades primitivas encontramos a base da atual organização do tempo litúrgico, com seu ritmo diário, semanal e anual, com suas celebrações em circunstâncias especiais da vida pessoal, comunitária e social. Aquilo que aconteceu de "uma vez por todas", em Jesus, acontece para nós, simbólico, sacramental e espiritualmente, "toda vez que" é atualizado ritualmente pela memória litúrgica. Todo o tempo litúrgico, porém, continua marcado pela esperança, pela espera por aquilo que há de vir.*

Para pensar, trocar idéias e experiências

1. O tempo tem importância para a liturgia? Por quê?

2. Qual é seu tempo (ou festa) litúrgico preferido? Por quê? Você aprendeu algo de novo sobre ele neste estudo? O quê?

3. Com base no estudo feito, você gostaria de modificar algo na maneira de viver os tempos litúrgicos em sua vida pessoal, familiar, eclesial (manhã e tarde; domingo; ano litúrgico)? Como fazer isso?

Bibliografia complementar

a) Textos oficiais

SC 102-111.

CIC, nn. 1163-1172.

João Paulo II. Carta apostólica *Dies Domini*, sobre a santificação do domingo.

b) Outros

Adam, A. *O ano litúrgico*; sua história e seu significado segundo a renovação litúrgica. São Paulo, Paulus, 1982. (Col. Liturgia e Teologia, 6.)

Allmen, J. J. von. O culto e o tempo. In: _____. *O culto cristão*; teologia e prática. São Paulo. Aste, 1968. cap. 6, pp. 261-92.

Barros, M. & Carpanedo, P. *Tempo para amar*; mística para viver o ano litúrgico. São Paulo, Paulus, 1997.

Bergamini, A. *Cristo, festa da Igreja*; o ano litúrgico. São Paulo, Paulus, 1994. (Col. Liturgia e participação.)

Borobio, D. (org.). *A celebração na Igreja*. São Paulo, Loyola, 2000. v. 3 (Ritmos e tempos da celebração).

Cantalamessa, R. *O mistério do Natal*. Aparecida, Santuário, 1993.

_____. *O mistério da Páscoa*. Aparecida, Santuário, 1994.

CANTALAMESSA, R. *O mistério de Pentecostes*; todos ficaram cheios do Espírito Santo. Aparecida, Santuário, 1998. (Série Espiritualidade, 22.)

CASTELLANO, J. *El año litúrgico*; memorial de Cristo y mistagogía de la Iglesia. 2. ed. Barcelona, Centre de Pastoral Litúrgica, 1996. (Col. Biblioteca Litúrgica, 1.)

TEMPO E LITURGIA. *Concilium* 162:2 (1981).

SILVA, J. A. da. *O Domingo, Páscoa semanal dos cristãos*; elementos de espiritualidade dominical para as equipes de liturgia e o povo em geral. São Paulo, Paulus, 1998. (Col. Celebrar a fé e a vida, 5.)

TRIACCA, A. M. Tempo e liturgia. In: *DILI*, pp. 1163-1174.

Capítulo sétimo

CELEBRAÇÃO DOMINICAL DA PALAVRA

Ione Buyst

Domingo é dia da assembléia dos cristãos, para fazer memória de Jesus, ouvindo a Palavra de Deus e celebrando a eucaristia. Somente um presbítero (padre) pode presidir validamente a eucaristia. O que se deve fazer quando a comunidade não pode contar com um presbítero todos os domingos?

Palavras-chave (já abordadas em capítulos anteriores): domingo, assembléia, memória, Páscoa, palavra, intercessão, louvor, ação de graças e envio.

1. NUMA SITUAÇÃO DE EMERGÊNCIA, O TRABALHO DO ESPÍRITO DE DEUS

Uma comunidade cristã sem celebração eucarística dominical é uma anormalidade. No entanto, são inúmeras as comunidades que se encontram nessa situação, em todos os continentes. No Brasil, como visto anteriormente, 70% das comunidades que costumam reunir-se aos domingos não celebram a eucaristia. Em geral, são comunidades vivas. Têm suas lideranças, reconhecidas oficial ou implicitamente pela paróquia e diocese. Só lhes falta um presbítero que garanta a elas a celebração regular da eucaristia e de outros sacramentos. Como poderia ser solucionado o problema?

Nos primeiros séculos, somente os bispos podiam presidir a eucaristia; quando as comunidades se tornaram muito numerosas, houve necessidade de descentralização e resolveu-se que os presbíteros de cada comunidade presidiriam as celebrações eucarísticas. Bastaria, portanto, da parte da autoridades eclesiástica, tomar hoje uma decisão semelhante para sairmos do impasse, ordenando as lideranças da comunidade, já existentes. Ou, então, poder-se-ia pensar em uma licença especial para a comunidade celebrar a eucaristia, mesmo não tendo um ministro ordenado para tal, ou instituir ministros extraordinários, como temos para o batismo. Além disso, seria bom voltarmos à antiga tradição: quem preside a comunidade, preside também a eucaristia. Cada comunidade deveria dispor dos ministérios necessários para sua vida pastoral "cotidiana", digamos assim; não é saudável que ela tenha de depender de ministros "volantes" vindos de outras comunidades, ou passando de lugar em lugar só para celebrar, sem possibilidade de participar da vida da comunidade. Com isso, não se diminui a importância dos missionários; a comunidade, porém, não pode depender deles para suas celebrações semanais, nem a tarefa dos missionários deve ser reduzida a presidir celebrações.

Mas, enquanto não se resolve satisfatoriamente esse problema, buscamos soluções provisórias e procuramos perceber o que o Espírito Santo está querendo dizer às Igrejas nessa situação. "Há males que vem para bem", diz o ditado popular. Na falta de presbíteros, as comunidades foram organizando-se; o Espírito Santo suscitou, e os bispos confirmaram, as comunidades com suas lideranças, seus ministros e ministras, leigos(as) e religiosos(as) que foram surgindo nesse processo e se colocam à disposição do Senhor e dos irmãos(ãs). A existência dessas comunidades não somente garantiu à Igreja Católica a sobrevivência em tantos lugares afastados ou na periferia das grandes cidades, como também deu à Igreja uma nova vitalidade e uma aparência mais doméstica e inculturada. Em poucos anos, o povo superou muito de sua passividade e dependência em relação ao clero; assumiu em grande parte sua responsabilidade como "participante ativo" da vida da comunidade (e não apenas "cliente" ou "freguês"). Que seria hoje da Igreja sem essas comunidades e suas lideranças? Não é verdade que, mesmo com dificuldades, aí a vida eclesial se encontra mais dinâmica que em muitas igrejas "de centro", que contam com a presença presbiteral constante?

2. A CELEBRAÇÃO DO DOMINGO NA AUSÊNCIA DO PADRE – CARACTERÍSTICAS E VALOR TEOLÓGICO-LITÚRGICO-PASTORAL

Não podendo celebrar a eucaristia, a comunidade se reúne para celebrar o domingo ao redor da Palavra de Deus. Quais são as características e o valor teológico-litúrgico-pastoral dessas celebrações do domingo?

a) Não se trata de uma reunião qualquer, mas de uma "assembléia litúrgica". Tudo o que ficou dito sobre a assembléia litúrgica vale também para essa assembléia dominical: é assembléia do povo sacerdotal, profético e régio; Corpo de Cristo no Espírito Santo; sacramento da Igreja, "noiva" ou "esposa" do Cordeiro; antecipação da assembléia universal no Reino de Deus; lugar da presença do Senhor com seu Espírito transformador e do envio em missão. É manifestação (epifania) da Igreja comunitária; garante o espírito e a vida comunitária (cf. SC 41-42). Sem assembléia litúrgica, não há Igreja. Cristo está realmente presente quando a comunidade se reúne, ora e canta (cf. SC 7). A Igreja cresce e se constrói ao escutar a Palavra de Deus. Congregada pelo Espírito Santo, a Igreja se reconhece a si mesma como o novo povo, no qual chega à plenitude e perfeição a aliança de Deus com seu povo (cf. IELM 7; CNBB, Doc. 52, 16-18; para a questão da presidência ou coordenação da assembléia e outros ministérios, cf., mais adiante, no final deste mesmo capítulo).

b) Essa assembléia não está reunida para uma simples oração ou para um estudo. Está aí para realizar uma verdadeira "ação litúrgica", reconhecida e incentivada pelo Concílio Vaticano II: *Incentive-se a celebração sagrada da Palavra de Deus, nas vigílias das festas mais solenes, em algumas férias do advento e da quaresma, como também nos domingos e dias santos, sobretudo naqueles lugares onde falta o padre* (SC 35,4). Como tal, é celebração do mistério pascal, celebração renovadora da aliança; leva a efeito a obra da redenção realizada em Cristo (cf. também instrução *Inter Oecumenici* [1965], 37 e CNBB, doc. 52, 1).[1] Como em toda ação litúrgica, podemos distinguir nela um movimento descendente (ação de Deus, santificação do povo da parte de Deus) e um movimento ascendente (nossa ação de graças, louvor, intercessão; nossa glorificação de Deus, na "sinergia" ("co-operação") do Espírito e da Igreja.

c) É "celebração do domingo, dia do Senhor", festa primordial, celebração do mistério pascal, memória da vida, paixão, morte e glorificação do Senhor Jesus (cf. SC 106; DCDAP 8-11[2]). É celebração da obra do Criador (primeiro dia), Páscoa semanal, dia da Igreja, dia do dom do Espírito Santo, antecipação da realidade escatológica (oitavo dia), dia do "homem novo" que vive na alegria plena de Cristo, no repouso e na solidariedade (João Paulo II, *Dies Domini*, sobre a santificação do domingo, 1998). Toda a teologia da celebração do domingo vale para a celebração dominical da Palavra.

d) "É celebração dos mistérios do Senhor ao longo do ano litúrgico", com as leituras bíblicas, com orações, símbolos e cantos próprios. Assim se revela todo o mistério de Cristo, possibilitando que penetremos nele e sejamos repletos da graça da salvação (cf. SC 102), até chegarmos à medida da idade da plenitude de Cristo (cf. Ef 4,13; SC 2).

e) É Cristo quem fala quando se lê a Sagrada Escritura na comunidade reunida. Ele está ativa e dinamicamente presente com seu Espírito (cf. SC 7; IELM 1-9). Anuncia a salvação no hoje de nossa história, convertendo a celebração litúrgica, que se sustenta e se apóia principalmente na Palavra de Deus, *num acontecimento novo, e enrique-*

---

[1] CNBB. *Orientações para a celebração da Palavra de Deus.* (32ª Assembléia geral, Itaici, de 13 a 22 de abril de 1994. São Paulo, Paulinas, 1994. (Documentos, 52.)

[2] CONGREGAÇÃO PARA O CULTO DIVINO. Diretório para celebrações dominicais na ausência do presbítero. *L'Osservatore Romano*, 28.12.1988, pp. 6ss.

ce a Palavra com uma nova interpretação e eficácia (IELM[3] 3). As características próprias da Palavra de Deus na ação litúrgica, enunciadas em IELM 4-9, valem evidentemente também para a celebração dominical da Palavra: Cristo está sempre presente em sua Palavra; realizando o mistério da salvação, santifica os homens e presta ao Pai o culto perfeito; a Palavra recorda e prolonga a economia da salvação; é sempre viva e eficaz; manifesta o amor ativo do Pai; o Espírito Santo nos faz compreender e responder à Palavra anunciada, nos faz aderir intimamente a Cristo, Palavra de Deus em pessoa, e faz com que a Palavra ouvida se manifeste em nossa vida. Lembra-nos ainda o documento 52 da CNBB, principalmente nos itens 1-25, que a Palavra é viva, eficaz; realiza e manifesta a aliança; é um acontecimento sempre novo por meio do qual Deus age na história pessoal e social; provoca revisão de vida, suscita um compromisso e atitude de solidariedade; as celebrações da Palavra *se constituem em memória reveladora dos acontecimentos maravilhosos da salvação*; levam-nos à experiência da presença viva do ressuscitado e fazem-nos atingir a plenitude do mistério pascal.

f) Além das leituras bíblicas e sua interpretação, a celebração dominical da Palavra comporta "gestos e ações simbólicas" que expressam e comunicam a graça que nos vem da Páscoa de Cristo: acendimento do círio, sinal-da-cruz, aspersão com água, abraço da paz, partilha de alimentos, bênção e outros símbolos ou ações simbólicas que acompanham o ano litúrgico e as leituras do dia.

g) Pela "oração" (pai-nosso, salmos, hinos e outros cânticos, aclamações, oração inicial e final, rito penitencial, preces, louvor, ação de graças e silêncio) expressa-se e intensifica-se nossa comunhão com o Pai, por Cristo, no Espírito Santo; participamos no sacerdócio de Jesus Cristo, que glorifica o Pai e intercede por todos.

h) O *Documento de Puebla* constata que *a falta de ministros, a dispersão populacional e a situação geográfica do continente fizeram crescer" a consciência da utilidade das celebrações da Palavra* (900). E mais adiante, completa: *As celebrações da Palavra, com uma abundante, variada e bem escolhida leitura da Sagrada Escritura, são de muito proveito para a comunidade, principalmente onde não há presbíteros e, sobretudo, para a realização do culto dominical* (929). Por isso, pede para *fomentar as celebrações da Palavra dirigidas por diáconos ou leigos (homens ou mulheres)* (944).

i) São inúmeras as assembléias dominicais que se reúnem e celebram os mistérios da fé ao redor da Palavra de Deus, por não disporem (às vezes por domingos seguidos) de um padre ou bispo que presida a

---

[3] Introdução ao elenco das leituras da missa (introdução ao Lecionário).

assembléia eucarística. A celebração da Palavra de Deus "tem garantido o crescimento na fé e no compromisso com o Reino" nas comunidades e é certamente uma das causas da vitalidade e do dinamismo da Igreja no Brasil. Graças à celebração do dia do Senhor, a comunidade se mantém viva como povo que invoca o nome do Senhor, como povo da aliança; renova seu compromisso com o Reino e a missão que lhe foi confiada, "aguardando confiante a vinda do Senhor" (dimensão escatológica).

j) Muitas dessas assembléias dominicais realizam a liturgia da Palavra "a modo de leitura orante (*lectio divina*) comunitária". Os textos bíblicos são proclamados e, em seguida, interpretados num diálogo comunitário, com base na realidade do povo, buscando — com a ajuda do Espírito Santo — a boa notícia e o apelo do Senhor para a comunidade reunida. Geralmente, essa conversa entre irmãos e irmãs (também chamada de "partilha da Palavra", ou homilia) é coordenada por uma ministra ou ministro da Palavra. Tudo isso desemboca na oração universal, na qual a comunidade dirige suas preces a Deus. Agindo dessa forma, procura-se garantir a necessária ligação entre Bíblia e liturgia, entre fé e vida.

l) Nessas comunidades, existe ainda a possibilidade — nem sempre aproveitada — de se viver "relações eclesiais mais informais, fraternas, igualitárias". A presidência, assim como outros ministérios, é exercida indistintamente por homens e mulheres. Aliás, estas últimas constituem a maioria, tanto na liderança como na composição das assembléias.

m) Coordenada por leigas e leigos, geralmente as celebrações da Palavra têm "cara mais popular, doméstica, informal, espontânea"; quase que naturalmente se faz a ligação da liturgia com a vida e é realizada a simbiose (associação, ligação) entre liturgia e "piedade popular".

n) Uma das modalidades tradicionais para a celebração da Palavra é o "Ofício Divino" (cf. CNBB, Doc. 52, introdução). Pouco a pouco, o *Ofício Divino das Comunidades*,[4] uma proposta inculturada da Liturgia das Horas, está sendo descoberto como uma alternativa para a celebração dominical da Palavra, inserindo no ofício as leituras próprias do domingo. Algumas comunidades realizam também a vigília aos sábados à noite, ao menos nos tempos litúrgicos fortes. Com isso, o povo se "re-apropria" dos salmos, alimento importante para a espiritualidade cristã.

o) A celebração dominical da Palavra permite a cristãos e cristãs de várias Igrejas celebrar juntos o dia do Senhor, de forma "ecumênica" (cf. CNBB, Doc. 52, 19).

---

[4] 12. ed. São Paulo, Paulus, 2002.

p) As celebrações do domingo ao redor da Palavra de Deus "culminam na celebração eucarística", que deverá ser assegurada sempre que possível. De fato, nenhuma comunidade cristã se constrói sem ter a sua raiz e o seu centro na celebração eucarística (cf. CNBB, Doc. 52, 30).

3. ELEMENTOS INDISPENSÁVEIS[5]
E POSSÍVEIS ESQUEMAS DE CELEBRAÇÃO

Uma celebração dominical da Palavra comporta os seguintes elementos:

a) Ritos iniciais, para reunir os irmãos e irmãs em nome do Senhor, constituindo a assembléia litúrgica.

b) Liturgia da Palavra, quando Deus fala a seu povo por meio da proclamação e interpretação da Sagrada Escritura, e o povo responde com a profissão de fé e as preces de intercessão.

c) Louvor e ação de graças, *com a qual se bendiz a Deus pela sua imensa glória. A comunidade reconhece a ação salvadora de Deus, realizada por Jesus Cristo, e canta seus louvores* (CNBB, Doc. 52, 83).

d) Ritos finais, nos quais o Senhor abençoa seu povo e o envia em missão.

Partindo desses elementos e baseando-nos em experiências de muitas comunidades ao longo de três décadas, apresentaremos duas modalidades básicas para a celebração dominical: celebração da Palavra (a maioria das celebrações) e Ofício Divino (ainda pouco conhecido).[6] Depois comentaremos as variantes: com ou sem distribuição da sagrada comunhão, com ou sem partilha de alimentos. Aprofundaremos, a seguir, dois assuntos que costumam causar certa dificuldade na prática pastoral: a ação de graças e a presidência ou coordenação. Para os outros elementos remetemos ao volume anterior desta coleção e à bibliografia complementar. Para o uso do círio pascal e da aspersão com água, que realçam o caráter pascal das celebrações dominicais, vejam o capítulo anterior, sobre o domingo.

---

[5] Para orientações descritivas de cada um desses elementos, cf. DCDAP, 35-49; CNBB, Doc. 52, 50-88; Buyst, I. Celebração do domingo ao redor da Palavra de Deus. In: _____. *Presidir a celebração dominical*. São Paulo, Paulinas, 2004. (Col. Rede Celebra, 6.)

[6] Cf. Buyst, I. *Celebração do domingo ao redor da Palavra de Deus*. 9. ed., revista e atualizada. Petrópolis, Vozes, 2001. Esse roteiro não esgota todas as possibilidades; há outros roteiros possíveis, como os indicados no Documento 52 da CNBB, ou em: Carpanedo, P. & Guimaraes, M. *Dia do Senhor*; guia para as celebrações das comunidades (vários volumes). São Paulo, Apostolado Litúrgico/Paulinas, 2001.

4. CELEBRAÇÃO DA PALAVRA E OFÍCIO DIVINO

O primeiro esquema básico para a celebração do domingo é o da celebração da Palavra de Deus. É o mais conhecido e mais usado. Dispensa muitos comentários. Em sua forma mais simples, consta de ritos iniciais, liturgia da Palavra, ação de graças e ritos finais. Não constam nem distribuição da sagrada comunhão nem refeição fraterna. Portanto, após a liturgia da Palavra basta a ação de graças, seguida do pai-nosso, abraço da paz, oração final e ritos de despedida. Menos conhecida é a ação de graças, que merece, portanto, um cuidado especial. Nos ritos iniciais, podemos introduzir a recordação da vida, como se faz no Ofício Divino.

O segundo esquema básico para a celebração do domingo é o do Ofício Divino (Liturgia das Horas), dentro do qual se insere a liturgia da Palavra do domingo. Assim, teremos: abertura, recordação da vida, hino, salmos e cânticos bíblicos; leituras bíblicas (também o salmo responsorial), homilia, profissão de fé, preces (de louvor ou de intercessão), pai-nosso, oração, bênção e despedida. A Liturgia das Horas, com seus ofícios principais de manhã e de tarde, é essencialmente celebração do mistério pascal do Senhor. Presta-se bem, portanto, a uma celebração dominical quando não há possibilidade de celebrar a eucaristia. Infelizmente, ao longo dos séculos o povo foi afastado dessa prática litúrgica e são poucas as comunidades que a recuperaram no pós-concílio. No Brasil, contamos com o *Ofício Divino das Comunidades*, como forma inculturada da Liturgia das Horas, e que pouco a pouco vai enraizando-se em muitas comunidades e regiões. (Falaremos desse ofício no próximo capítulo.)

O que ganhamos usando esse segundo esquema, com Ofício Divino? 1) É mais "gratuito" no louvor ao Senhor; 2) ensina-nos a orar com os salmos e cânticos bíblicos; 3) sua estrutura favorece a participação comunitária; 4) o povo vai recuperando uma rica herança deixada pelas primeiras comunidades cristãs e que se foi perdendo ao longo da história, ficando somente ao alcance de padres e alguns grupos de religiosos e religiosas; 5) tem igual valor teológico-litúrgico ao da celebração da Palavra, pois o Cristo está ativamente presente quando a comunidade ora e salmodia (cf. SC 7). O que perdemos? Nada, já que se abre um espaço para a liturgia da Palavra do domingo. É possível ainda completar esta forma mais simples com a distribuição da sagrada comunhão, ou com uma partilha de alimentos. Neste caso, podemos substituir as preces de louvor pela louvação ou pela "bênção do pão", e o cântico evangélico (de Zacarias, de Maria ou de Simeão) poderá ser deslocado para depois ou da comunhão ou da partilha de alimentos. Quando se fazem as preces de intercessão ou de louvor do ofício, parece mais adequado suprimir as preces dos fiéis, pois teríamos duas "ladainhas", uma seguida da outra. A oração do dia viria antes da liturgia da Palavra e far-se-ia "após a comunhão", ou no final da refeição fraterna.

5. COM OU SEM DISTRIBUIÇÃO DA SAGRADA COMUNHÃO

A celebração da Palavra e do Ofício Divino em sua forma simples como vem descrita acima é suficiente. É ação litúrgica completa. No entanto, muitas comunidades incluem a distribuição da sagrada comunhão. Usam o pão consagrado de uma celebração eucarística anterior, guardado no sacrário; ou vão buscá-lo numa comunidade ou paróquia vizinha.

Há vantagens pastorais nessa prática. Muitas pessoas, principalmente as que estavam acostumadas com a missa dominical regular, sentem a celebração como "mais completa" quando podem receber o pão consagrado. Além disso, a comunhão mantém o elo com a celebração eucarística; alimentamo-nos com o Corpo e Sangue do Senhor.

Mas há também desvantagens. Quando se fala em "eucaristia", muitas pessoas só pensam na hóstia sagrada. E poderão "contentar-se" com a sagrada comunhão, sem sentir falta da missa. Não se dão conta de que "eucaristia" é uma ação complexa que comporta ao menos quatro momentos, dos quais a distribuição da sagrada comunhão além de ser apenas um desses momentos, depende dos anteriores. Celebrar a eucaristia é fazer o que Jesus fez: tomar (pegar) o pão e o vinho, dar graças, partir o pão, distribuir o pão e o vinho para todos comer e beber, fazendo memória da Páscoa de Jesus. A distribuição da comunhão não substitui a missa. Não basta comungar. É preciso trazer (apresentar), dar graças, fazer memória, fazer a oferta de nossa vida juntamente com a oferta de Jesus ao Pai. É preciso participar simbólico-sacramentalmente de sua morte-ressurreição.

Pode ser interessante inserir na liturgia da Palavra a leitura de um dos textos bíblicos que relatam a instituição da eucaristia (1Cor 11,23-26; Mt 26,26-29; Mc 14,22-25; Lc 22,19-10).[7] No entanto, é evidente que essa leitura não substitui a "ação" eucarística.

Se a comunidade optar por distribuir a sagrada comunhão, que todo o possível seja feito para lembrar (no convite, na apresentação do pão consagrado, no canto de comunhão e na oração depois da comunhão.) os vários sentidos ou aspectos da eucaristia como memória, ação de graças, oblação (sacrifício, oferta), comunhão, antecipação do "banquete" do Reino de Deus, compromisso de criar um mundo onde ninguém passe necessidades etc.; e para relacionar a comunhão com a Palavra proclamada naquele dia.

6. COM OU SEM PARTILHA DE ALIMENTOS

Um dos gestos característicos de Jesus relatado nos evangelhos é certamente o de comer e beber em grupo. Ele participa da festa de Caná na Galiléia e garante o vinho em abundância. Vai à casa das pessoas para comer.

---

[7] É o que prevê a instrução *Liturgicae Instaurationes*, de 1970, em seu item 6e.

Multiplica o pão quando falta comida para a multidão. Escandaliza muitas pessoas porque, contrariando a lei judaica, come e bebe com pessoas marginalizadas, consideradas pecadoras. Organiza uma ceia de despedida quando sabe que sua morte está próxima. Volta a reunir-se com seus discípulos depois de sua ressurreição para comer e beber com eles. Deixou-nos o mandamento da ceia eucarística em sua memória.

Por isso, não somente a celebração eucarística, mas qualquer refeição tomada entre cristãos têm algo de memória de Jesus. O quadro da última ceia que se encontra em muitas casas e a oração à mesa estabelecem essa relação da pessoa de Jesus com nossas refeições. Jesus é lembrado; ele está presente. Várias orações de bênção da mesa no *Ritual de bênçãos* fazem alusão a isso. Vejamos, a título de exemplo, a do número 806:

> *Nós vos louvamos com alegria, Senhor Jesus Cristo, que, ressuscitado dos mortos, vos manifestastes aos discípulos ao partir o pão; permanecei em meio a nós, Senhor, enquanto, agradecidos, tomamos este alimento; e recebei-nos, comensais, em vosso reino, assim como vos recebemos, hóspede, nos irmãos. Vós que viveis e reinais para sempre. Amém.*

Encontramos aí explicitadas a dimensão pascal ("alegria", "ressuscitado dentre os mortos"), a dimensão eucarística ("louvor", manifestação de Jesus ao repartir os alimentos; "agradecidos, tomamos estes alimentos"), a dimensão escatológica ("comensais em vosso reino") e a ético-mística ("como vos recebemos, hóspede, nos irmãos").

Não é de estranhar, portanto, que em muitas comunidades impossibilitadas de celebrar plenamente a eucaristia, por domingos ou meses seguidos, surgiu a prática da "bênção do pão", ou da ação de graças com partilha de alimentos, em memória de Jesus. Não reconhecemos aí algo da prática das primeiras comunidades? *Partiam o pão pelas casas, tomando o alimento com alegria e simplicidade de coração* (At 2,46b). Na tradição cristã, comer e beber juntos é experiência da chegada do Reino, vivida na comunhão entre os irmãos, em alegria e profunda gratidão. Nisso combina com o jeito da cultura popular: comer e beber juntos faz parte das festas religiosas.

Por que, então, ter medo de "confusão" com a missa? Não seria falta de caridade querer impedir que comunidades (já privadas da eucaristia plena) comam e bebam em memória do Senhor? Em vez de "atrapalhar", a prática da partilha fraterna de alimentos na celebração de domingo poderá ajudar-nos a recuperar a dimensão de refeição comunitária da própria celebração eucarística e influenciar positivamente na maneira de celebrá-la.

Até mesmo nos dias em que há celebração da eucaristia, a partilha de outros alimentos (um pão bento, biscoitos etc.) após a comunhão, ou após a celebração, poderá contribuir para unir mais os membros da comunidade. Não nos esqueçamos de que muitas pessoas estão excluídas da comunhão eucarística; a partilha de outros alimentos é uma forma de expressar que também elas fazem parte e são consideradas.

7. LOUVOR E AÇÃO DE GRAÇAS[8]

A celebração do domingo comporta "louvor e ação de graças". Já lembramos devidamente que a ação de graças por excelência é a oração eucarística. Como, então, realizar a ação de graças na celebração dominical da Palavra? Que sentido lhe dar?

Vejamos o que diz a respeito o Documento 52 da CNBB (*Orientações para a celebração da Palavra de Deus*):

- Considera a celebração do Senhor Ressuscitado e a ação de graças como os elementos essenciais do domingo cristão (cf. 1Cor 11,20; At 20,7; Didaqué 14,1-2; Justino, 1ª Apologia 67,3-5) (31).

- Coloca a ação de graças entre os elementos da celebração dominical da Palavra que devem ser devidamente valorizados, juntamente com a reunião em nome do Senhor, a proclamação e atualização da Palavra e o envio em missão (54).

- Retoma o motivo da ação de graças apresentado no documento da Santa Sé: bendizer a Deus pela sua imensa glória.[9] Em seguida, acrescenta a referência a Jesus Cristo e sua Páscoa: *A comunidade reconhece a ação salvadora de Deus, realizada por Jesus Cristo e canta seus louvores. "Bendito seja o Deus e Pai de nosso Senhor Jesus Cristo, que nos abençoou com toda a sorte de bênçãos" (Ef 1,3; cf. Ef 5,20; 2Cor 1,3). "Ele nos arrancou do poder das trevas e nos transportou para o Reino do seu Filho amado, no qual temos a redenção—a remissão dos pecados." (Cl 1,13-14)* (83).

- Abre um espaço para agradecimentos ligados à realidade vivida: *A comunidade sempre tem muitos motivos para agradecer ao Senhor, seja pela vida nova que brota da ressurreição de Jesus, seja pelos sinais de vida percebidos durante a semana na vida familiar, comunitária e social* (84).

- Quanto ao modo de fazer a ação de graças, aponta como possibilidades: salmos, hinos, cânticos, orações litânicas ou ainda benditos e outras expressões orantes inspiradas na piedade popular (cf. 85).

- Quanto ao momento da ação de graças, além do momento citado acima, ou seja, após a oração dos fiéis, indica outras duas possibilidades: após a distribuição da comunhão, ou ainda, no final da celebração, como prevê o documento romano[10] (cf. 85). Nesses dois mo-

---

[8] Sugestões práticas e textos em: BUYST, *Celebrar o domingo ao redor da Palavra de Deus*, cit., cap. 4; BUYST, I. Presidir a ação de graças e a partilha. *Revista de Liturgia* 150 (nov./dez. 1998); CARPANEDO & GUIMARÃES, *Dia do Senhor*; guia para as celebrações das comunidades, cit.

[9] DCDAP, *Celebrações dominicais na ausência do presbítero*, 41c.

[10] DCDAP 45a e 48.

mentos, no entanto, a ação de graças fica diluída e sua dimensão pascal praticamente desaparece.

- Pede que a ação de graças não tenha a forma de oração eucarística própria da missa e que não seja substituída pela adoração ao Santíssimo Sacramento (cf. 98).

Se a celebração dominical da Palavra for feita com "bênção do pão", a própria ação de graças poderá servir de "bendição" (louvação), como bênção da mesa, bênção do pão. "Ação de graças" e "bênção do pão", nesse caso, não serão dois momentos distintos, mas um só.

8. PRESIDÊNCIA OU COORDENAÇÃO

A presidência ou coordenação da celebração dominical da Palavra fica por conta de um diácono, do(a) o coordenador(a) da comunidade, de um(a) ministro(a) da Palavra, um(a) ministro(a) extraordinário(a) da comunhão eucarística, de um(a) catequista, de outra pessoa designada para isso pela comunidade e pelo pároco, ou de uma equipe de ministros(as) que repartem entre si as várias funções (presidência partilhada). Na prática pastoral, o ministério de coordenação é assumido majoritariamente por mulheres.

Qual é a função da presidência ou coordenação?

- Coordena a celebração e também a equipe de ministros (leitores, salmistas, músicos, acólitos etc.).
- Assegura a unidade dos participantes da assembléia.
- É sinal vivo da relação da comunidade com Deus; por isso, fala à comunidade em nome de Deus (por exemplo, na saudação, na homilia, na bênção); fala a Deus, em nome da comunidade (por exemplo, na oração inicial e final, na ação de graças etc.; na abertura do Ofício Divino).
- Garante a partilha da Palavra de Deus (e da comunhão eucarística e de outros alimentos que porventura forem distribuídos).
- Cuida para que fiquem bem ligados: liturgia e vida, mistério celebrado e mistério vivido no dia-a-dia e na missão dos cristãos na sociedade.
- Faz a ponte entre a comunidade local e outras comunidades, Igreja local e universal.

A presidência na celebração dominical da Palavra "re-presenta" também o Cristo como cabeça de sua Igreja, como afirmamos a respeito da presidência realizada por ministro ordenado? Atua "na pessoa de Cristo"? Aqui as opiniões se dividem. Há quem até evite falar de "presidência" no caso de coordenação realizada por leigos(as) e negue o uso da cadeira da presidência, para evitar "confusão" com o ministro ordenado. Outros já consideram que muitos desses(as) ministros(as), agentes de pastoral, pertencem a um grupo intermediário; já não são mais "leigos e leigas" como os demais; têm uma responsabilidade pastoral reconhecida, tanto pelo povo quanto pelo clero. E, em sentido amplo, qualquer ministério (leitor, cantor etc.) é realizado "na pessoa de Cristo". De qualquer forma, a introdução ao Lecionário trata de "quem preside a liturgia da Palavra" e parece estar incluindo a liturgia da Palavra independente da missa (de outra forma teria usado o termo "presbítero"). Também o Documento 52 da CNBB assume o termo "presidência" como um dos serviços necessários à celebração.

Colocando-se junto da comunidade, sem ocupar um lugar de destaque, a presidência estará reforçando sua igualdade com todos; dependendo do número de pessoas reunidas, porém, isso poderá dificultar a comunicação. Colocando-se em frente à comunidade, até mesmo juntamente com os demais ministérios, poderá comunicar-se mais facilmente e destacará a importância dos ministérios a serviço da comunidade. Conforme o costume da comunidade, poderá usar uma veste litúrgica, ou não. Tudo dependerá também do nível de organização eclesial; há comunidades estruturadas como uma quase-paróquia, há outras que estão apenas dando os primeiros passos.

Em todo caso, não se trata de um "poder", mas de um "serviço" que aquela pessoa presta à comunidade, no Espírito Santo, juntamente com os outros(as) ministros(as). Portanto, quanto mais servical e quanto menos diretivo, melhor. Não é a presidência que celebra, mas sim toda a comunidade; trata-se de dinamizar e fazer com que toda a comunidade seja participante, povo celebrante. A presidência partilhada tem a vantagem de evitar a centralização numa só pessoa. Devemos evitar, porém, o perigo da dispersão, da "pulverização" da presidência. Por isso, recomenda-se que haja um presidente ou presidenta principal, e ajudantes com funções bem definidas (por exemplo, fazer a homilia, distribuir a sagrada comunhão etc.).

Resumindo

• *Nenhuma comunidade cristã deve ficar sem assembléia dominical para celebrar o dia do Senhor. Na impossibilidade de celebrar a eucaristia, a memória pascal se fará com uma celebração da Palavra de Deus (ou com a celebração de um Ofício Divino, incluindo as leituras bíblicas do dia). Devemos reconhecer o valor teológico desse encontro: é assembléia litúrgica; ação sagrada; conta com a presença ativa e transformadora de Cristo e de seu Espírito; é momento de renovar a aliança e de estreitar a comunhão da comunidade com Deus; pela prece de ação de graças e intercessão exercemos nosso sacerdócio batismal; antecipamos e apressamos a reunião escatológica do Reino de Deus. Há elementos indispensáveis (reunião da comunidade, liturgia da Palavra, ação de graças e envio), mas, no mais, há muita liberdade para organizar a celebração, de acordo com a realidade da comunidade. Em muitos lugares prefere-se garantir a distribuição da sagra-*

da comunhão; em outros faz-se uma bênção do pão ou partilha com outros alimentos. A ação de graças é parte indispensável da celebração do domingo. Expressa ao Pai nosso reconhecimento pela salvação realizada em Jesus Cristo.

Para pensar, trocar idéias e experiências

1. A celebração dominical da Palavra de Deus substitui a celebração eucarística? Sim? Não? Por quê?

2. Quando participa das celebrações dominicais da Palavra de Deus, você consegue perceber sua riqueza teológica e nutrir-se dela? Como?

3. Programe uma conversa ou um encontro com a equipe responsável pela celebração dominical da Palavra de Deus em sua comunidade para trocar idéias sobre o valor dessa celebração e como poderia ser mais bem celebrada e aproveitada.

Bibliografia complementar

a) Textos oficiais

CONGREGAÇÃO PARA O CULTO DIVINO. *Diretório para as celebrações dominicais na ausência do presbítero.* Roma, 1988.

CNBB. *Orientações para a celebração da Palavra de Deus.* São Paulo, Paulinas, 1994. (Documentos, 52.)

b) Outros

AA.VV. *ADAP*; los domingos sin sacerdote. Barcelona, Centre de Pastoral Litúrgica, 1995. (Cuadernos Phase, 60.)

BUYST, I. *Celebração do domingo ao redor da Palavra de Deus.* São Paulo, Paulinas, 2002. (Col. Celebrar.)

LUTZ, G. Teologia da liturgia dominical de comunidades sem padre. *Revista de Liturgia (A vida em Cristo e na Igreja)* 52 (jul./ago. 1982), pp. 1-13.

REVISTA DE LITURGIA. Celebração dominical das comunidades 1 e 2: 105-106 (mai./jun. e jul./ago. 1991).

Capítulo oitavo

LITURGIA DAS HORAS (OFÍCIO DIVINO)

Ione Buyst

Muitos cristãos desconhecem a chamada "Liturgia das Horas". Foi restaurada pelo Concílio Vaticano II como oração de todo o povo cristão (e não somente do clero e de comunidades religiosas). No entanto, continua não recebendo atenção suficiente na organização pastoral, privando assim o povo cristão de uma rica herança da tradição. Enquanto isso, pululam devoções, métodos e modalidades de retiro, oração e meditação, como que para preencher uma lacuna. A Liturgia das Horas é mais que uma simples oração; é ação litúrgica que orienta e alimenta até mesmo nossa oração individual em sentido especificamente cristão.

Palavras-chave: horas, Ofício Divino, santificação (consagração) do tempo, oração, louvor e intercessão.

1. LITURGIA DAS HORAS: O QUE É? DE ONDE VEM?

Liturgia das Horas é uma liturgia celebrada em determinadas horas do dia, com base em salmos, cânticos e leituras bíblicas, com preces de louvor e de súplica. As duas horas principais são: manhã e tarde. Por que manhã e tarde?

Manhã e tarde, amanhecer e entardecer, são, respectivamente, momentos de passagem da noite para o dia e do dia para a noite. O ser humano é sensível a esses momentos. Reparem a ansiedade de doentes e a febre que aumenta quando se aproxima o fim da tarde; reparem também o alívio quando chega o amanhecer. Existem povos indígenas que a cada manhã descem o rio com sua canoa para, num determinado lugar, "ajudar o sol a nascer", na expressão deles; ritual semelhante acontece ao entardecer, "para ajudar o sol a se pôr".

Não é de estranhar, portanto, que várias passagens bíblicas falam de momentos de oração comunitária do povo da primeira aliança em determinadas horas do dia, principalmente de manhã e à tarde (ou noite). Vejam-se, por exemplo: Gn 19,27; Ex 30,7-8; Nm 28,4; 1Rs 18,36ss; 1Cr 23,30; Esd 9,5ss; Jd 9,1ss; Sb 16,28; Dn 9,21ss; At 3,1; 10,9; 16,25.

As primeiras comunidades cristãs continuaram essa prática. Pouco a pouco, porém, foram imprimindo-lhe sentido e características propriamente cristãs, com base na revelação de Deus na pessoa e na vida de Jesus Cristo, no mistério de sua morte-ressurreição.

No início, essa liturgia era muito popular, com participação de todo o povo. Vejam, por exemplo, como Etéria (monja que nos deixou relatos de sua peregrinação aos lugares santos) viu e descreveu a oração da manhã, na igreja da ressurreição (*Anástasis*) em Jerusalém, no século IV:

> *Abrem-se, cada dia, antes de os galos cantarem, todas as portas da Anástasis aos monges e às virgens [...] e também aos leigos, homens e mulheres, que, entretanto, desejam fazer a primeira vigília. Desse momento, até o dia claro dizem-se hinos, responde-se aos salmos e antífonas e, a cada hino, reza-se uma oração [...]. E, começando a clarear o dia, têm início os hinos matinais.[1]*

Com a progressiva clericalização da liturgia e a conservação do latim para as celebrações, o povo foi afastado e a Liturgia das Horas ficou sendo um privilégio do clero e de algumas poucas ordens religiosas. (Já ouviram falar do "breviário" dos padres? O breviário era uma abreviação da Liturgia das Horas para a recitação individual, que havia substituído a celebração comunitária.)

Na Idade Média foram nascendo práticas de devoção na língua de cada povo, como que para substituir a Liturgia das Horas. O "Anjo do Senhor" (*Angelus*) era rezado nas três horas então consideradas mais importantes: às seis da manhã e da tarde e ao meio-dia. (Até hoje, algumas rádios levam isso em conta em sua programação.) O rosário (três vezes a reza do terço) é constituído de 150 ave-marias, que de alguma forma lembram os 150 salmos cantados na Liturgia das Horas; cada terço ainda vem acompanhado dos "mistérios" gozosos, dolorosos e gloriosos, que não deixam de ter uma relação com a celebração dos mistérios do Senhor ao longo do ano litúrgico.

O Concílio Vaticano II quis restaurar a Liturgia das Horas como oração de todo o povo de Deus e programou as adaptações necessárias para tal. Afinal, o Ofício Divino situa-nos na tradição bíblica, apostólica e patrística, para a qual a oração não é de ordem psicológica, mas teológico-litúrgica; não é expressão de nossos sentimentos, nossas necessidades, nossas idéias; mas é antes de tudo escuta da Palavra de Deus (ouvida, cantada, meditada) e resposta a ela, inspirada pelo Espírito Santo. É alimento sólido para nossa espiritualidade; é ação pascal transformadora. No entanto, são poucas as comunidades, paróquias, movimentos e famílias que têm o hábito de celebrar a Liturgia das Horas.

---

[1] *Peregrinação de Etéria;* liturgia e catequese em Jerusalém no século IV. Petrópolis, Vozes, 1971. p. 83, n. 24. A *Anástasis*, junto com o *Calvário* e o *Martyrium*, forma a basílica do Santo Sepulcro, construída por Constantino "no local da morte e ressurreição do Senhor" (n. 38).

Há experiências significativas de recuperação dessa liturgia com grande participação do povo, em pleno centro da cidade. É o caso das liturgias celebradas três vezes ao dia na Fraternidade Monástica de Jerusalém, em pleno coração de Paris, expressando e vivenciando o mistério divino que habita a cidade. Significativo ainda é o ofício ecumênico da Comunidade de Taizé, com seus concílios de jovens, com milhares de participantes de vários países da Europa e de outros continentes.[2]

No Brasil, uma pequena equipe organizou o *Ofício Divino das Comunidades*,[3] uma Liturgia das Horas inculturada, com experiências significativas em várias regiões do país, em ambientes muito diversificados (comunidades rurais e de periferia, catedrais e igrejas no centro da cidade, comunidades religiosas, grupos da pastoral da juventude, operários durante o descanso do almoço, comunidades com população de rua etc.). Além dos ofícios diários, há roteiros específicos para novena do Natal, ofício da quaresma, ofício com enfermos, ofício para bênção de uma casa, para velórios etc.

2. AS HORAS

a) Ofício da manhã — É celebrado ao nascer a luz do novo dia. Por ele consagramos a Deus o dia que começa e celebramos a ressurreição do Senhor.

b) Ofício da tarde — É celebrado ao anoitecer. Com a chegada da noite, agradecemos pelo dia que passou. Pela oração, oferecemos o sacrifício vespertino, recordando a ceia e a morte de Jesus, quando ele se entregou ao Pai pela salvação do mundo inteiro. Rogamos pela vinda gloriosa de Cristo.

c) Ofício de leituras — Tem caráter noturno (é celebrado de noite ou de madrugada), mas, se necessário, pode ser realizado na hora que mais convém. É um momento de encontro com o Senhor, meditando mais longamente leituras bíblicas, patrísticas (escritos dos Santos Padres e Mães da Igreja), hagiográficas (vida de santos) e espirituais. As leituras vêm acompanhadas de salmos, hino, oração e outros elementos que favoreçem o diálogo com o Senhor.

d) Vigílias — É um ofício de leituras ampliado, semelhante à vigília pascal, realizado principalmente para iniciar o domingo (sábado à noite) e as grandes festas ou também em momentos especiais, como

---

[2] Há uma Comunidade de Taizé em Alagoinhas, BA (Brasil), que também organiza encontros, jornadas e concílios com jovens. Há vários CD's e fitas cassete com os cantos litúrgicos próprios da comunidade, tanto da França quanto do Brasil. Vejam ainda: *Orações e cantos de Taizé*. São Paulo, Paulinas, 2004.

[3] AA.VV. *Ofício Divino das Comunidades*. 12. ed., São Paulo, Paulus, 2001.

romarias. É uma vigília para o Senhor, aguardando sua vinda (cf. Mt 25,6; Mc 13,35-36). Às leituras bíblicas é acrescentada a proclamação de um dos evangelhos da ressurreição ou da festa.

e) Outros ofícios — As horas menores (oração das nove, das doze, das quinze horas) e a oração da noite (completas, antes do descanso noturno).

3. ELEMENTOS E SUA SEQÜÊNCIA NOS OFÍCIOS DA MANHÃ E DA TARDE

Podemos distinguir os "elementos principais" (salmos, cânticos bíblicos, leituras bíblicas, preces e pai-nosso) e os "elementos complementares" (abertura do ofício; antífonas; responsórios; hinos; coletas; orações sálmicas; leituras patrísticas, hagiográficas e espirituais; recordação da vida; bênção). Há também os títulos dos salmos e a introdução bíblico-patrística a cada salmo e cântico bíblico. Não nos esqueçamos do silêncio, da música, das atitudes corporais, dos gestos simbólicos (acendimento de velas, queima e oferecimento de incenso etc.).

Cabe ainda lembrar o exercício dos vários ministérios: presidência (verso introdutório, introdução ao pai-nosso e às preces, bênção e despedida); cantores(as) e instrumentistas; leitores(as).

Não é o momento de apresentar pormenorizadamente a estrutura e todos os elementos dos ofícios; para isso remetemos à IGLH (34-203), à introdução do *Ofício Divino das Comunidades* (pp. 10-19) e a leituras complementares.[4] Ressaltamos apenas alguns aspectos mais importantes, ou facilmente esquecidos. Seguiremos a seqüência dos elementos nos dois ofícios principais (manhã e tarde).

a) Abertura do ofício e invitatório — O ofício inicia com versos bíblicos introdutórios, invocando a ajuda de Deus para poder louvá-lo devidamente. No primeiro ofício do dia, segue um salmo invitatorial — 95(94) ou 100(99), 67(66), 24(23) — com sua antífona, diferente a cada dia da semana, tempo ou festa.

b) Recordação da vida — Foi introduzida no *Ofício Divino das Comunidades*, para se expressar e viver melhor a relação da Liturgia das Horas com a vida pessoal e social. Responde geralmente às perguntas: o que aconteceu de importante? o que gostaríamos de trazer para a nossa oração? Ao longo de todo o ofício, estas realidades irão

---

[4] Por exemplo, FERNÁNDEZ, P. Elementos verbais da Liturgia das Horas. In: BOROBIO, D. (org.). *A celebração na Igreja.* São Paulo, Loyola, 2000. v. 3 (Ritmos e tempos a celebração), pp. 419-475.

"dialogar" com nossos salmos, antífonas, leituras, e provavelmente serão retomadas nas preces como louvor ou intercessão.

c) Hino — Criação poética de louvor a Deus, cantado, relacionado com o momento do dia (manhã, tarde), com o tempo litúrgico, com a festa.

d) Salmodia (salmos e cânticos bíblicos) — Os salmos e cânticos da Bíblia são fonte privilegiada para nossa oração comunitária e pessoal. Vêm como que "curtidos" pela fé de muitas gerações de judeus e cristãos. Na Liturgia das Horas, vêm repartidos ao longo de quatro semanas. São cânticos de louvor. Portanto, merecem ser cantados. No *Ofício Divino das Comunidades* uma boa parte dos salmos e cânticos bíblicos vem em linguagem poética e musical popular — até mesmo com rima —, procurando responder à exigência da inculturação e possibilitando ao povo cristão que se apose de novo dessa rica herança espiritual. Para nós, cristãos, os salmos são profecia de Cristo, sempre atuais em cada contexto de vida (cf. Lc 24,44). Por isso, além de seu sentido literal, devemos levar em conta seu sentido cristológico e espiritual (atual). A antífona (um tipo de refrão) que acompanha o salmo e cântico ajuda nessa atualização, assim como outros três elementos complementares: o título, a frase introdutória tirada do novo testamento ou dos Santos Padres, e a oração sálmica. Esta última é pouco conhecida. É um tipo de oração-coleta para encerrar a oração pessoal silenciosa após o salmo, retomando a temática e as imagens do salmo, ligando-as com nossa realidade. Na prática do *Ofício Divino das Comunidades*, no final do salmo ou cântico bíblico, caso se queira, as pessoas podem retomar em voz alta, uma ou outra frase, de forma meditativa.

Gregório de Nissa fala da educação cristã de sua irmã Macrina; o texto mostra como o saltério era a fonte principal de sua oração:

> *Também nada ignorava do saltério e recitava cada uma das divisões da salmodia nas horas apropriadas: levantando-se do leito, ao iniciar o trabalho, ao terminá-lo, na hora de iniciar a refeição e ao erguer-se da mesa, indo deitar-se e levantando-se de novo para orar. Em toda parte levava consigo a salmodia, qual companheira fiel que em tempo algum abandonava.* (GREGÓRIO DE NISSA. *Vida de santa Macrina*. Salvador, Cimbra, [s.d.])

e) Leituras — Para o ofício da manhã e da tarde, são indicadas breves leituras bíblicas; para o ofício de leituras, são propostas também leituras patrísticas, hagiográficas e leituras espirituais. Comunidades que não celebram a eucaristia diariamente têm inserido as leituras do Lecionário da missa nos ofícios de manhã e de tarde; caberia também alguma das outras leituras indicadas anteriormente: um texto dos Santos Padres e Mães, uma passagem da vida de um santo ou uma leitura espiritual, para completar a leitura bíblica.

f) Responsos — São breves meditações, cantadas alternadamente por cantor(es) e comunidade, como resposta à leitura, favorecendo a meditação e à contemplação.

g) Cântico evangélico — Entre os cânticos bíblicos, destacam-se os três cânticos evangélicos anotados por Lucas: o cântico de Maria (cf. Lc 1,46-55), de Zacarias (cf. Lc 1,68-79) e de Simeão (cf. Lc 2,29-32), cantados respectivamente à tarde, de manhã e à noite. São como um ponto alto do nosso louvor; por isso, são cantados de pé e, aos domingos e dias de festa, podem vir acompanhados de queima de incenso.

h) Preces, pai-nosso, oração final — Tendo meditado a Palavra de Deus nos salmos, cânticos bíblicos e nas leituras, e tendo proclamado a salvação no cântico evangélico, nós nos unimos a Cristo em seu louvor e incessante intercessão ao Pai. Fazemos nossas preces, sem uma preocupação demasiada em separar louvor e intercessão. Preces mais de louvor e consagração do dia no ofício da manhã; preces mais de intercessão no ofício da tarde, pelas intenções da Igreja e do mundo (de modo semelhante, portanto, à oração universal da missa), incluindo uma última prece pelos falecidos. As preces são dirigidas a "Deus" (IGLH 191); na prática, no atual livro *Liturgia das Horas*, as preces são dirigidas ora ao Pai, ora a Cristo. No final das preces, seguem a oração do Senhor (o pai-nosso) e a oração final (sem o convite "oremos").

i) Bênção e despedida — A bênção divina nos acompanha no "ofício" divino de nosso trabalho diário, de nossa missão na sociedade. No *Ofício Divino das Comunidades* incluímos o diálogo muito popular: *Louvado seja nosso Senhor Jesus Cristo — Para sempre seja louvado.*

4. O QUE ACONTECE QUANDO CELEBRAMOS A LITURGIA DAS HORAS?

Sendo ação litúrgica, a Liturgia das Horas é:

a) Memória do mistério pascal de Jesus Cristo, permitindo nossa participação no mistério de sua morte-ressurreição.

b) "Ofício Divino" em duplo sentido: a) trabalho (ofício) de Deus em nós, deixando-nos conhecer sua pessoa e seu projeto (revelação) e operando nossa transformação pascal (santificação); b) trabalho nosso, dispondo-nos para "as coisas de Deus", para a "obra de Deus", para "realizar a vontade do Pai" (mediante escuta e meditação de sua Palavra; louvor, ação de graças e intercessão; compromisso de vida pascal; testemunho, missão).

c) Ato eclesial, realizado por uma assembléia litúrgica, por menor que seja, na comunhão dos santos, ao redor de Jesus Cristo presente (na comunidade reunida que ora e salmodia e na proclamação da Palavra), na sinergia (cooperação) do Espírito Santo.

d) Expressão ritual — em ação de graças (eucaristia) e alegre louvor a Deus Pai, na unidade do Espírito Santo — da revelação e salvação realizadas em Jesus Cristo.

e) De caráter escatológico: vivenciamos e apressamos, aqui e agora, o Reino de Deus iniciado na morte-ressurreição de Jesus, intensificando nosso ardente desejo: *Vem, Senhor Jesus! Maranatha!*

f) Celebração dos vários mistérios do Senhor ao longo do ano litúrgico.

O que é, contudo, específico da Liturgia das Horas ou Ofício Divino?

a) A comunidade eclesial está unida a Jesus Cristo orante (sendo "um só corpo" com ele) em sua função sacerdotal de louvor e incessante intercessão diante do Pai a favor de toda a humanidade, na sintonia do Espírito Santo. É transbordamento, prolongamento da liturgia eucarística (e excelente preparação para a mesma). Por isso, podemos dizer que, também pela Liturgia das Horas, oferecemos um "sacrifício de louvor" (IGLH 10; cf. Hb 13,15).

b) É diálogo orante e amante da Igreja como esposa com seu divino parceiro da nova aliança, Jesus Cristo, com a intermediação do Divino Espírito. Escuta da Palavra de Deus e resposta orante se entremeiam. (Maria, os apóstolos, todos os anjos e santos e toda a Igreja celeste também acompanham.)

c) É santificação (consagração) do tempo e de toda a atividade humana, *de tal modo que todo o curso do dia e da noite seja consagrado pelo louvor a Deus* (SC 84).

d) O símbolo fundamental ao redor do qual se estrutura a Liturgia das Horas é a luz, em referência a Jesus Cristo, luz do mundo, sol da justiça *que ilumina as nações todas* (Cântico de Simeão), que vem *iluminar os que jazem nas trevas e na sombra da morte* (Cântico de Zacarias).

Eis, a seguir, dois *flashes* de Jesus orante que inspiram nossa própria oração, a qual está ligada à dele:

Naquele momento, Jesus exultou de alegria sob a ação do Espírito Santo e disse: "Eu te louvo, ó Pai, Senhor do céu e da terra, porque ocultaste essas coisas aos sábios e entendidos e as revelaste aos pequeninos. Sim, ó Pai, porque assim foi do teu agrado. Tudo me foi entregue por meu Pai e ninguém conhece quem é o Filho senão o Pai, e quem o Pai senão o Filho e aquele a quem o Filho o quiser revelar" (Lc 10,21-22).

(Cristo), nos dias de sua vida terrestre, apresentou pedidos e súplica, com veemente clamor e lágrimas, àquele que o podia salvar da morte; e foi atendido por causa de sua submissão. Embora fosse Filho, aprendeu, contudo, a obediência pelo sofrimento; e, levado à perfeição, tornou-se para todos os que lhe obedecem princípio de salvação eterna [...]. Cristo não entrou num santuário feito por mão humana [...] e, sim, no próprio céu a fim de comparecer, agora, diante da face de Deus, a nosso favor (Hb 5,7-9; 9,24).

Seguem, agora, dois textos patrísticos sobre nossa oração como povo sacerdotal:

Nosso Senhor Jesus Cristo, o Filho de Deus [...], reza por nós como nosso sacerdote, reza em nós como nossa cabeça, e nós rezamos a ele como nosso Deus. Reconheçamos, pois, a nossa voz nele e a sua voz em nós (Santo Agostinho. *Comentário sobre o salmo* 85(86),1).

A oração é o sacrifício espiritual que pôs fim aos sacrifícios antigos [...]. Somos, portanto, verdadeiros adoradores e verdadeiros sacerdotes quando oramos em espírito e oferecemos a Deus nossa oração como vítima espiritual, digna de Deus e agradável a seus olhos. Apresentemos essa vítima, oferecida do fundo de nosso coração, nascida da fé, nutrida pela verdade, intacta e sem mancha, íntegra e pura, coroada pelo amor, diante do altar de Deus, entre salmos e hinos, acompanhado do cortejo de nossas boas obras, certos de que nos obterá de Deus todos os bens (Tertuliano. *Sobre a oração,* cap. 28. in: *Patrologia Latina,* 1, 1302.)

5. ORAÇÃO COMUNITÁRIA, ORAÇÃO PESSOAL E A VIDA COMO LITURGIA

Há uma relação muito estreita entre Liturgia das Horas e oração pessoal:

a) Não há Liturgia das Horas sem a participação orante de cada pessoa presente na assembléia. Isso exige uma atenção constante, fazendo com que as palavras pronunciadas ou ouvidas, ditas ou cantadas, as atitudes do corpo, as ações simbólicas, o silêncio, tudo, enfim, seja vivido atenta e espiritualmente, em diálogo constante com o Senhor. Não basta, pois, "recitar salmos" ou "dizer orações"; é preciso orar de verdade, acompanhar as palavras com a mente e o coração. A maneira de organizar o ofício deve levar em conta essa dimensão orante, oferecendo espaços de silêncio que facilitem a oração, a meditação e a contemplação de cada participante (por exemplo, antes de começar o ofício; no final de cada salmo e leitura; entre uma prece e outra; após o oremos etc.).

b) A Liturgia das Horas é momento forte, comunitário, que pretende alimentar, orientar e moldar tanto os momentos de oração pessoal como o diálogo da aliança "24 horas" com o Senhor e ainda as devoções. Embora a oração individual seja livre, é na liturgia que encontra sua fonte e seu ponto alto (cf. SC 10). A recuperação da Liturgia das Horas como alimento para a oração pessoal e para a devoção, assim como para a espiritualidade pastoral e missionária, foi uma das preocupações da renovação conciliar (cf. SC 90).

Quando a oração do ofício se torna verdadeira oração pessoal, então se manifestam melhor os laços que unem liturgia e vida cristã. Durante cada uma das horas do dia e da noite, a vida inteira dos fiéis constitui uma como "leitourgia" (liturgia) mediante a qual eles se oferecem para o serviço a Deus e aos homens, aderindo à ação de

Cristo, que com sua vida entre nós e a oferta de si próprio santificou a vida de todos os homens. (PAULO VI, constituição apostólica *Laudis canticum,* n. 8, 1970).

Com essa citação, já abordamos o terceiro ponto anunciado no título desta seção: a estreita relação da oração comunitária e pessoal com a vida diária e com o trabalho pastoral e missionário. Não são coisas estanques; mas englobam um só movimento, uma só atitude de união com Jesus Cristo, assim como acontece na vida do próprio Cristo: *Até o fim de sua vida, já ao aproximar-se a paixão, em sua agonia e na cruz, o divino Mestre nos ensina que a oração foi sempre a alma de seu ministério messiânico e de sua passagem pascal* (IGLH, 4).

Como garantir em meio à luta pela sobrevivência, em meio ao turbilhão de ocupações e responsabilidades, momentos de oração pessoal e comunitária que favoreçam a permanente atitude de oração? Não é verdade que um certo "ativismo pastoral" ronda como tentação a vida dos muitos ministros e cristãos engajados? E, de outro lado, como garantir que nossa oração não nos aliene da missão e do trabalho pelo Reino?

6. O "OFÍCIO DIVINO DAS COMUNIDADES", UMA LITURGIA DAS HORAS INCULTURADA

Já aludimos anteriormente ao *Ofício Divino das Comunidades* como uma liturgia inculturada. Mas o que é "brasileiro" ou "latino-americano" no *Ofício Divino das Comunidades?* Apontamos algumas características:

a) Quanto ao conteúdo teológico-litúrgico, expressa traços característicos da vida e da teologia da Igreja neste continente:

1) o mistério pascal atuante na resistência dos pobres e em suas lutas por libertação social, política e cultural;

2) a aliança de Deus, que fez opção pelos pobres;

3) a relação liturgia/vida (pessoal, comunitária, social);

4) a missão profética e sacerdotal do povo de Deus;

5) a dimensão cósmica e ecológica da fé;

6) a igualdade de homens e mulheres baseada no batismo;

7) a dimensão feminina em Deus;

8) a sensibilidade ecumênica e o diálogo com outras tradições espirituais.

b) Quanto à expressão ritual, oferece antes de tudo salmos e cânticos bíblicos em linguagem verbal e musical popular. Prima pela atenção dada à ritualidade (atitudes corporais, danças, ações simbólicas); assume símbolos e gestos orantes da piedade popular (bandeiras, beijo na fita de santos, oferecimento de flores e velas etc.) e expressões celebrativas da Igreja da caminhada, como cruz tosca representando a resistência de lavradores, camisas ensangüentadas de mártires, terra, carteira de trabalho, carrinhos dos catadores de papel etc. Usa expressões afetivas, tanto na relação com Deus como entre as pessoas participantes. Valoriza o silêncio e cria espaço para a dimensão orante ("fervor", devoção) e lúdico-contemplativa, própria do catolicismo popular (por exemplo, nas folias e congadas). No calendário, leva em conta os santos populares e os mártires da caminhada. Une criatividade e tradição viva.

c) Quanto à organização eclesial e pastoral, constitui um espaço de oração comunitária, com a participação ativa de todos, alternativa para as "rezas" de antigamente (caídas em desuso) e também para as missas durante a semana. É uma liturgia "leiga", no sentido de que não depende da presença e presidência do clero. Os ministérios são diversificados e partilhados ou assumidos em alternância por homens e mulheres. Leva em conta a cultura oral do povo — pode ser organizada de tal forma que apenas uma pequena equipe coordenadora necessite acompanhar no livro. O *Ofício Divino das Comunidades* tem sido usado também, principalmente por ministérios leigos, em ocasiões pastorais como bênção de casa, velórios, visita a doentes e encontros pastorais.

Resumindo

• *A Páscoa de Jesus, o mistério de sua morte-ressurreição, é celebrada no ritmo de cada dia, principalmente de manhã e de tarde, momentos sensíveis para o ser humano. As vigílias (de noite ou de madrugada) são expressão de nossa espera pela vinda do Senhor.*

• *A Liturgia das Horas é uma ação litúrgica, prolongamento da eucaristia, santificação do tempo. É momento de louvor e intercessão, com salmos e cânticos bíblicos, leituras e responsos, preces e silêncio. Nela, como povo sacerdotal no Espírito, estamos unidos ao louvor e à intercessão que o Cristo, incessantemente, apresenta ao Pai, em nome e a favor de toda a humanidade. O símbolo fundamental é a luz (do sol e das velas), remetendo-nos a Jesus Cristo, luz do mundo, que ilumina nossas trevas.*

Para pensar, trocar idéias e experiências

1. Qual é a importância do resgate da Liturgia das Horas para a vida da Igreja e de cada cristão?

2. Você costuma prestar atenção ao amanhecer e ao entardecer? Transforma este momento numa prece? Celebra os ofícios da manhã e da tarde?

3. Em sua comunidade se celebra a Liturgia das Horas? Há ofícios da manhã e da tarde? Há vigílias no sábado à noite e introduzindo as grandes festas e tempos fortes do ano litúrgico? Como poderia ajudar sua comunidade a valorizar mais esta prática litúrgica?

Bibliografia complementar

a) Textos oficiais

SC 83-101.

IGLH (Instrução geral da Liturgia das Horas).

CONSTITUIÇÃO APOSTÓLICA *Laudis canticum.*

CIC, nn. 1173-1178.

b) Outros

AA.VV. Liturgia das Horas. In: BOROBIO, D. (org.). *A celebração na Igreja.* São Paulo, Loyola, 2000. v. 3 (Ritmos e tempos a celebração), pp. 267-488.

AA.VV. *Ofício Divino das Comunidades.* 12. ed. São Paulo, Paulus, 2001.

RAFFA, V. Liturgia das Horas. In: SARTORE, D. & TRIACCA, A. M. (orgs.). In: *DILI*, pp. 651-670.

REYNAL, D. de. *Teologia da Liturgia das Horas.* São Paulo, Paulus, 1981. (Col. Igreja-Eucaristia, 7.)

ROGUET, A. M. *Comentário sobre a Liturgia das Horas.* Petrópolis, Vozes, 1971.

Capítulo nono

UM ESPAÇO PARA AS CELEBRAÇÕES DA COMUNIDADE

Ione Buyst

> *O Mestre pergunta:*
> *"Onde está a sala em que comerei a Páscoa*
> *com meus discípulos?"* (Lc 22,11).

Onde sua comunidade costuma reunir-se para celebrar a liturgia? Se você tivesse de enumerar as coisas que não podem faltar no lugar da celebração, o que diria? É preciso uma igreja para celebrar a liturgia? Qual é o seu lugar preferido para encontrar-se com Deus? Por quê? Eis algumas perguntas que poderão servir como introdução ao nosso tema, quem sabe, conversando com algumas pessoas da comunidade. A pergunta pode também ser formulada assim: Em sua opinião, para que serve uma igreja? O que não pode faltar nela?

As palavras-chave que iremos trabalhar neste capítulo são: casa, templo, altar, ambão (estante) e cadeira da presidência.

1. A NOVIDADE: NÃO TEMOS TEMPLO

A maioria das tradições religiosas possui seus lugares sagrados para o encontro com o divino e para o culto dedicado a ele. São árvores sagradas, fontes, rios, montanhas, grutas, templos, pirâmides, tumbas etc. O povo da primeira aliança — embora tivesse consciência de que o Eterno não cabe em um espaço definido — conheceu lugares sagrados onde se fazia a experiência de Deus. Lembremos apenas alguns deles:

- Abraão constrói um altar em Betel: Gn 12,6-9.
- Jacó tem um sonho muito significativo, também em Betel (que significa "casa de Deus"): Gn 28,10-22.
- Moisés e o povo de Israel encontram Deus no monte Horeb, onde recebem as tábuas da lei e celebram a aliança: Ex 3,1-22; 19,1-25.

- Durante a caminhada de quarenta anos no deserto, a "Tenda da Reunião", com o "santo dos santos" e a "arca da aliança", é o lugar da manifestação do Senhor e do encontro com seu povo: Ex 33,7-1; 40,1-15.34-38.

- Mais tarde, o templo em Jerusalém se torna "casa" para o Senhor morar (apesar da resistência dos profetas): 2Sm 7,1-17; 1Rs 8 (principalmente vv. 1-13 e 26-40).

Mas, no tempo de Jesus, o templo de Jerusalém virou "uma casa de comércio", na expressão de Jesus em Jo 2,16. Então, um novo templo é anunciado: a humanidade de Jesus, seu corpo ressuscitado será doravante o único "templo", o lugar de encontro com Deus (cf. Jo 2,18-22). *Pois nele habita corporalmente toda a plenitude da divindade*, como escreve Paulo aos Colossenses (cf. 2,9) e é impossível restringi-la a um espaço qualquer. A comunidade dos cristãos, a Igreja, como "Corpo de Cristo" no Espírito Santo, é também "templo espiritual" onde se oferecem "sacrifícios espirituais", onde se adora Deus em Espírito e verdade (cf. Ef 2,19-22; 1Pd 2,4-10; Jo 4,23). Por isso, os cristãos eram considerados "ateus", pois não tinham templo, nem sacrifícios "de verdade", nem altares como os demais povos. É no encontro dos irmãos e irmãs que o Ressuscitado se faz presente, estejam reunidos onde estiverem; a presença dele não está condicionada a um espaço físico.

No entanto, os cristãos necessitavam de um lugar para se encontrar em assembléia, para ler a Sagrada Escritura e celebrar a eucaristia em memória do Cristo Ressuscitado.

2. UM LUGAR DE REUNIÃO PARA A COMUNIDADE

No início, reuniam-se nas casas (cf. At 2,42-47; 20,7-12), como Jesus havia feito na sua última ceia, antes de sua morte, no cenáculo, no primeiro andar de uma casa (cf. Lc 22,7-13). Na época em que foram perseguidos pelo Império Romano, os cristãos celebravam escondidos nas catacumbas; os túmulos dos mártires serviam de altar. Depois de longo período de perseguições, o imperador romano Constantino concedeu, em 313, liberdade religiosa, decretou o cristianismo como culto oficial do Império Romano e ofereceu as basílicas para reunir o crescente número de cristãos. As basílicas eram espaços públicos para reuniões, para o comércio e para as sessões do judiciário; foram adaptadas para as reuniões litúrgicas e "dedicadas" ao culto. Era forte a referência aos mártires. E, assim, voltou a idéia de um "templo" em substituição à "casa da comunidade".

Em cada época da história, o tipo de construção revela a maneira de ser e de pensar da Igreja. Na Idade Média, as catedrais góticas criam um presbitério maior, com amplo espaço para o coro dos monges, que asseguram o

Ofício Divino; em lugar do Cristo ressuscitado, é o Crucificado que ocupa o centro da liturgia; o povo já não tem mais participação ativa e busca as criptas onde se encontram as relíquias dos mártires. Na época da Contra-Reforma, a Igreja Católica quis afirmar-se contra as Igrejas Protestantes; então, suas igrejas se caracterizam pelo pomposo estilo barroco e o centro é, não mais o altar, mas o tabernáculo, insistindo na presença real de Jesus Cristo na hóstia sagrada. No início do século XX, surgem igrejas neo-romanas e neogóticas; representam uma espécie de refúgio no passado, por não conseguir situar-se no mundo industrial. As igrejas "modernas", buscando acompanhar os ventos democráticos, querem funcionalidade e pretendem facilitar a participação.

A renovação conciliar situa-se nesta última corrente. Promove também uma "volta às fontes", restabelecendo a centralidade de Cristo Ressuscitado e do altar; o tabernáculo é retirado do altar e vai, de preferência, para uma capela à parte. O povo de Deus é de novo considerado como sujeito da liturgia e agrupa-se em círculo ao redor do altar. A igreja volta a ser "casa da comunidade", para o encontro com o Cristo Ressuscitado e para, com ele, passar da morte para a vida. Igrejas antigas são adaptadas às novas exigências teológico-litúrgicas, preservando, no entanto, seu valor histórico-artístico. Insiste-se na funcionalidade, mas também no simbolismo capaz de traduzir o "mistério". Entende-se que tudo é simbólico, desde a forma da construção e os materiais utilizados, até as peças mais importantes como altar, ambão, cadeira da presidência, ou ainda círio pascal e imagens, por exemplo.

No Brasil pós-Vaticano II, o surgimento das comunidades de base provoca a descentralização e multiplicação dos locais de celebração, principalmente nas periferias das grandes cidades. O povo se reúne e celebra em casas, em barracos, debaixo de árvores, pontes, lonas de circo, em praças públicas, no alpendre de uma casa etc. À medida que a comunidade se estabiliza e se organiza, busca construir uma capela ou igreja; deseja um lugar fixo, estável, bonito. Por tudo o que vimos, é importante a comunidade discutir o projeto, e colocar-se de acordo sobre o que se quer e por quê. A igreja de pedra deve ser como que um "retrato", que expressa a "cara" da comunidade, de sua fé e de sua cultura. Serve tanto para confirmar em sua identidade os que dela participam como para mostrar essa identidade aos de fora. A igreja-construção é para ser sinal de Deus e de seu Reino no contexto social e cultural onde a comunidade está inserida; é para ser sinal da comunhão em Jesus Cristo Ressuscitado e no Espírito Santo que dá vida, sinal da nova humanidade, que queremos ser, na fraternidade, na solidariedade, na justiça e na paz.

E é bom lembrar ainda que a igreja de pedra, assim como a igreja-gente, é provisória; aponta para o futuro, para a assembléia definitiva de todos os povos na casa do Pai. Nenhuma construção deve impedir a Igreja de caminhar, de ser missionária, de andar pelos caminhos da história. Pois não temos aqui morada definitiva e somos discípulos e discípulas do Filho do Homem, que não tinha onde encostar a cabeça (cf. Mt 8,20). Os numerosos santuários, antigos e novos, fazem com que nos lembremos dessa nossa condição de romeiros, de peregrinos:

> *Foi pela fé que Abraão, respondendo ao chamado, obedeceu e partiu para uma terra que devia receber como herança, e partiu sem saber para onde ia. Foi pela fé que residiu como estrangeiro na terra prometida, morando em tendas com Isaac e Jacó, os co-herdeiros da mesma promessa. Pois esperava a cidade que tem fundamentos, cujo arquiteto e construtor é o próprio Deus* (Hb 11,9-10).

3. A DEDICAÇÃO DE IGREJA E ALTAR COMO RITO QUE EXPRESSA O SENTIDO DA IGREJA-CONSTRUÇÃO

O novo *Ritual da dedicação de igreja e altar*, datando de 1977 (primeira edição brasileira em 1983), é um conjunto de vários ritos: da colocação da pedra fundamental ou do início da construção de uma igreja; da dedicação de igreja; dedicação de igreja onde já se costuma celebrar a santa missa; dedicação de altar; bênção de igreja; bênção de altar; bênção do cálice e da patena. Neste estudo vamos ater-nos à dedicação de igreja (que inclui a dedicação de altar).

O rito, com sua seqüência, seus cantos, leituras e ações simbólicas, expressa a imagem que a Igreja tem de si mesma com base no Concílio Vaticano II. Por isso, vamos acompanhar em grandes linhas[1] as várias partes da celebração, realçando esse sentido:

3.1. Ritos iniciais – A igreja é casa da comunidade, lugar da assembléia litúrgica

a) Seqüência dos ritos

- Entrada na igreja (com ou sem procissão, com ou sem relíquias de mártires ou santos), com saudação e palavras de acolhida da parte do bispo, entrega do edifício ao bispo por um grupo que representa os responsáveis e executores do projeto de construção, abertura da porta da igreja e canto de entrada. (Não se beija o altar, nem se usa incenso.)

- Aspersão com água (povo, paredes da igreja e altar), em sinal de purificação;

- Glória; oração.

---

[1] Para maiores detalhes, cf. o ritual.

b) Sentido dos ritos

O povo de Deus, povo sacerdotal, Igreja-gente, reúne-se e entra em processão com o bispo e todos os ministros. Entra em sua casa, ocupa seu espaço. É reunindo-se regularmente nesse local que a comunidade vai sendo "construída", formada, como Igreja, como Corpo de Cristo, como templo espiritual, como "útero" de vida nova no Espírito, como *sacramento da unidade de todo o gênero humano* (LG 1); é daqui que será enviada sempre de novo em missão, votada a reunir os filhos de Deus dispersos pelo mundo afora (cf. Jo 11,52).

A organização interna do espaço tem como objetivo abrigar a comunidade com seus ministros e ministras, possibilitar a visibilidade e participação de todos e remeter ao mistério da presença de Cristo Ressuscitado e de seu Espírito na assembléia reunida. A forma circular ou semicircular responde melhor a esses objetivos, pois todos os participantes se vêem e podem perceber melhor sua unidade ao redor do altar. A cadeira da presidência se destaca: remete a Cristo, que encabeça sua Igreja e está representado pela presidência da comunidade.

Como que para expressar a íntima ligação entre o edifício e a comunidade, a igreja-construção passa, ao longo da celebração de dedicação, por todos os ritos pelos quais passa um cristão em sua iniciação: é batizada (aspersão das paredes e do altar com água nos ritos iniciais), crismada (unção do altar e das paredes), revestida (toalhas sobre o altar depois de sua dedicação), iluminada (acendimento de velas sobre o altar e nas paredes), e sobre o altar será celebrada a eucaristia.

3.2. Liturgia da Palavra: a igreja é lugar da escuta da Palavra do Senhor

a) Seqüência dos ritos

- O bispo apresenta o livro (Lecionário ou Bíblia) ao povo, dizendo: *A Palavra de Deus ressoe sempre neste templo; que ela vos revele o mistério de Cristo e opere na Igreja a vossa salvação.*
- Procissão com o livro até o ambão (estante da Palavra), seguida da proclamação das leituras, do canto do salmo, da homilia e da profissão de fé. (Sem oração dos fiéis.)

b) Sentido dos ritos

Da reunião ao redor do livro nasce e cresce a Igreja como comunidade de fé e de compromisso com o Reino. Da escuta da Palavra — proclamada e interpretada dentro de cada novo contexto de vida pessoal, eclesial e social—nasce e cresce a fé de cada um(a) de nós. Cada proclamação é uma epifania, uma revelação. Revela o mistério de Cristo e como está presente e atuante com seu Espírito vivificante em nossa história, em nosso dia-a-dia, em nossas alegrias e tristezas, em nossas angústias e esperanças, em nossas vitórias e fracassos. É Boa-Nova que traz alegria ao coração e é convite de conversão e compromisso que nos desperta e nos faz avançar. Sem o anúncio da Palavra, não há fé, não há Igreja, não há oração, não há sacramento. Cada liturgia da Palavra está no prolongamento das falas de Jesus com os discípulos e com o povo, antes e depois de sua ressurreição; está no prolongamento do "ensinamento dos apóstolos" nas casas das primeiras comunidades. É diálogo da aliança, revelando e consolidando os laços de amor, de solidariedade, de proximidade do Senhor com seu povo. É anúncio do mundo-que-há-de-vir.

Da escuta da Palavra nasce igualmente a prece, a intercessão, para que o Reino anunciado se realize logo: *Venha a nós o vosso Reino!* Por isso, será da estante que também se farão as preces da oração universal nas assembléias do povo sacerdotal.

3.3. Prece de dedicação e unções: no centro da igreja, o altar da eucaristia, a mesa do Senhor

a) Seqüência dos ritos

- Ladainha de todos os santos.
- Deposição das relíquias de mártires ou de outros santos (se houver).
- Prece de dedicação (de igreja e altar).
- Unção, com o santo crisma, do altar e das doze ou quatro cruzes incrustadas nas paredes.
- Queima de incenso sobre o altar e incensamento de todo o espaço da igreja e do povo.
- Revestimento (colocar toalha e flores).
- Iluminação do altar (colocar as velas); iluminação festiva da igreja, com velas e tochas (principalmente diante das doze ou quatro cruzes ungidas com o santo crisma) e acendimento de todas as luzes da igreja.

b) Sentido dos ritos

O centro da igreja é o altar, mesa do Senhor, símbolo de Cristo. Evoca todos os altares construídos ao longo da história dos povos; evoca as mesas onde partilhamos pão e amizade; evoca as refeições de Jesus com seus discípulos e discípulas e com os excluídos da sociedade; evoca as refeições do Senhor depois de sua ressurreição. Lembra especialmente o mistério de Cristo, que se ofereceu ao Pai para a vida do mundo, como sacrifício de louvor, na ceia e na cruz; participando desse altar, nós também nos tornamos uma oblação santa e altar vivo. O altar ainda representa Cristo

Ressuscitado como pedra angular que mantém unido todo o edifício espiritual, o templo espiritual que é a comunidade; cada um(a) de nós deve deixar-se encaixar qual pedra viva, para o louvor do Senhor (cf. 1Pd 2,4-10).

O altar é preparado, juntamente com todo o edifício, para que nele celebremos sempre a eucaristia, memorial da morte-ressurreição do Senhor. Primeiro invocamos a ajuda dos santos, cristãos que nos precederam nos caminhos do Evangelho. Se for o caso, depositam-se relíquias de mártires ou outros santos, indicando a íntima relação entre o sacrifício deles e o de Jesus: deram sua vida pelo Reino.

Em seguida vem o gesto central: a prece de dedicação. A igreja é consagrada a Deus, como casa de oração onde se honra a Deus com amor, onde somos instruídos por sua palavra e santificados com os sacramentos. Na parte anamnética (memória), recorda-se como a igreja-construção "faz vislumbrar o mistério da Igreja", que é evocado com várias imagens bíblicas: esposa, virgem, mãe fecunda, vinha, tabernáculo (tenda), templo santo, cidade construída no alto do monte. Na parte "epiclética" (súplica), pede-se a Deus que venha "inundar esta igreja e este altar com santidade celeste", para que seja sempre lugar santo, mesa preparada para o memorial da Páscoa de Cristo, lugar do banquete da Palavra e do Corpo de Cristo, lugar de reconciliação e perdão dos pecados, lugar de "jubilosa oblação de louvor" e de prece incessante pela salvação do mundo, lugar onde os pobres encontrem misericórdia e os oprimidos a verdadeira liberdade, lugar onde todos e todas sintam a dignidade de ser filhos e filhas de Deus, a caminho da cidade celeste.

A prece de dedicação vem completada por quatro gestos simbólicos. Primeiro, altar e paredes são ungidos com o santo crisma; expressa-se assim que o altar é símbolo de Cristo, o Ungido com o Espírito Santo, e a igreja é toda consagrada ao culto cristão. Em seguida, queima-se incenso sobre o altar, de modo que este último parece estar todo em chama e fumaça; expressa como o altar simboliza o sacrifício de Cristo, que se consumiu todo em sua missão, e também as orações do povo cristão, que sobem a Deus como perfume agradável. Toda a igreja é incensada, juntamente com o povo, templo vivo do Senhor. Em terceiro lugar vem o revestimento do altar: colocam-se as toalhas (e flores). Por fim, altar e igreja são iluminados festivamente, com velas, tochas, luzes, em sinal de alegria, enquanto se cantam antífonas em honra de Cristo, luz do mundo, e que evocam a nova Jerusalém, a cidade santa, resplandecente com a glória do Senhor.

3.4. Liturgia eucarística: a igreja é o lugar da memória do Senhor, celebração do mistério pascal

a) Seqüência dos ritos

- Preparação das oferendas (sem incensamento, nem das oferendas, nem do altar).

- Beijo do altar.
- Oração eucarística, com prefácio e outras partes próprias.
- Ritos de comunhão.
- Inauguração da capela do Santíssimo Sacramento (se for o caso).

b) Sentido dos ritos

Os ritos realizados até agora foram como que uma preparação para este momento; chegam a seu ponto alto na ação eucarística, que por si só seria suficiente para consagrar o altar e a igreja. Atendendo ao mandamento do Senhor, realizamos a memória eucarística, o sacramento de seu corpo e sangue; celebramos o mistério de sua morte-ressurreição, até que venha. Trazem-se as oferendas, faz-se a oração eucarística e realizam-se os ritos de comunhão.

Reparem que, após a preparação das oferendas, o bispo vai pela primeira vez beijar o altar. Daí por diante, no início de cada celebração eucarística, o presidente da celebração (representando toda a comunidade) repetirá esse mesmo gesto, em sinal de nossa comunhão, nossa relação íntima com Jesus Cristo em seu mistério pascal.

O prefácio é próprio; explicita a relação entre os vários "templos" onde resplandece a glória de Deus: o mundo inteiro, as casas de oração construídas por mãos humanas, Jesus Cristo, a Igreja, a Jerusalém celeste.

O canto de comunhão, o Sl 128(127) evoca a comunidade como uma família sentada ao redor da mesa, recebendo as bênçãos do Senhor. Mais uma vez, fica evidenciada a estreita relação entre igreja-construção, igreja-comunidade e liturgia.

Pode-se inaugurar a capela do Santíssimo, levando para lá, sem mais, a reserva eucarística.

Há outros espaços na igreja que não são contemplados especificamente no ritual de dedicação: o batistério, o lugar do sacramento da reconciliação, as imagens de Maria e de outros santos, e até mesmo a decoração interna da igreja. No entanto, é a igreja em seu conjunto que é dedicada ao louvor do Senhor e à celebração dos mistérios cristãos.

3.5. Bênção e despedida: a igreja é centro de irradiação da missão na sociedade e no mundo

A comunidade recebe a bênção antes de se dispersar e ser — cada um(a) onde vive e trabalha — templo vivo do Senhor, lugar onde as pessoas possam encontrar-se com o Deus de Jesus Cristo e ser consoladas, animadas, restauradas, renovadas e convocadas por ele.

A cada ano, no aniversário da dedicação, serão celebrados ofícios e missa próprios, lembrando esse dia importante e, principalmente, o significado da igreja-construção para a comunidade.

Resumindo

• *As igrejas cristãs não são propriamente "templos", casa de Deus, habitação da divindade. É preferível dizer que a igreja é a casa da comunidade, que — ela sim — é casa de Deus, Corpo de Cristo, templo do Espírito Santo. No entanto, a igreja-construção é símbolo da igreja-comunidade; expressa seu sentido para a própria comunidade e para os demais habitantes do bairro, do vilarejo, da cidade ou da região.*

• *Esse sentido variou muito durante as várias épocas da história. Atualmente, no pós-Vaticano II, a igreja voltou a ser considerada casa da comunidade; seu centro é o altar, símbolo de Cristo, lugar da celebração eucarística, memória da morte-ressurreição do Senhor; outras duas referências à presença do Ressuscitado são o ambão (estante da Palavra) e a cadeira da presidência.*

• *O rito de dedicação de igreja e altar expressa o sentido da igreja-construção e de cada uma de suas partes. A data da dedicação é lembrada a cada ano, com missa e ofícios próprios.*

Para pensar, trocar idéias e experiências

1. Confronte as respostas colhidas na comunidade sobre o sentido da igreja com o texto apresentado anteriormente: semelhanças e diferenças.

2. Analise o local de celebração de sua comunidade: que concepção de igreja expressa? Como? Enumere suas características.

3. Prepare uma "visita guiada" de crianças, jovens ou adultos à sua igreja, incluindo uma conversa sobre o sentido do espaço da igreja e de cada uma de suas partes; se possível, podem-se organizar várias vivências espirituais, ligadas com ações corporais e simbólicas, por exemplo: 1) entrar na igreja, transpor a soleira da porta, tomando consciência de que é membro de uma comunidade; fazer o sinal-da-cruz ou inclinar-se diante do altar, símbolo de Cristo; acolher os demais, como o próprio Cristo; 2) sentar ao redor da estante da Palavra; ouvir com toda a atenção uma breve passagem bíblica e conversar: "O que o Senhor quer dizer-nos com esta palavra hoje?" — terminar com uma oração; 3) reunir-se em torno do altar, dar-se as mãos e rezar juntos(as) o pai-nosso, pausadamente, conscientemente; antes de se afastar, inclinar-se de novo diante do altar, como que se despedindo.

Bibliografia complementar

a) Textos oficiais

SC 122-129.

IGMR 3. ed. nn. 288-318 — Disposição e ornamentação das igrejas para a celebração da eucaristia.

Ritual da dedicação de igreja e altar.

CIC, nn. 1179-1186.

b) Outros

CHENGALIKAVIL, L. Dedicação da igreja e do altar. In: AA.VV. *Os sacramentais e as bênçãos.* São Paulo, Paulus, 1993. pp. 73ss. (Col. Anámnesis, 6.)

JOUNEL, P. Dedicação das igrejas e dos altares. In: *DILI*, pp. 285-296.

_____. Lugares da celebração. In: *DILI*, pp. 694-706.

LARA, A. A dedicação de igrejas e altares. In: BOROBIO, D. (org.). *A celebração na Igreja.* São Paulo, Loyola, 2000. v. 3 (Ritmos e tempos a celebração), pp. 511-521.

MACHADO, R. C. de A. *O local da celebração, arquitetura e liturgia.* São Paulo, Paulinas, 2001.

PASTRO, C. *Arte sacra*; espaço sagrado hoje. São Paulo, Loyola, 1993.

VOCABULÁRIO

Aliança (celebração): A liturgia cristã é celebração da nova e eterna Aliança (pacto) entre Deus e o seu povo, por Cristo, com Cristo e em Cristo, na unidade do Espírito Santo. Como tal, consiste em duas partes: a) liturgia da Palavra, na qual Deus propõe a aliança e o povo é convidado a aderir e se comprometer; b) a liturgia sacramental, que sela a Aliança com um rito.

Anamnese, ação memorial: Recordação das coisas maravilhosas que o Senhor realizou por seu povo, principalmente na pessoa de Jesus Cristo. Parte da Oração eucarística em que se expressa a recordação de Jesus Cristo, sua vida, paixão, morte, ressurreição, glorificação e segunda vinda. Aclamação anamnética: "Eis o mistério da fé...".

Assembléia litúrgica: Reunião da comunidade para realizar os atos litúrgicos. A assembléia litúrgica não é uma reunião qualquer, ela é constitutiva da Igreja. Sem ela não há Igreja.

Catecúmeno: Rigorosamente falando, é a pessoa que faz o processo de iniciação cristã em preparação aos sacramentos da iniciação (batismo, crisma e eucaristia). Ainda não é fiel, mas já é cristão. Em sentido mais amplo, é a pessoa que, já batizada, refaz o processo de iniciação, por ocasião da primeira comunhão ou da crisma. Neste último caso a *Catechesi Tradendae* chama de "quase catecúmeno".

Celebração, celebrar: Celebração é uma ação comunitária, festiva, que tem a ver com "tornar célebre", solenizar, destacar do cotidiano, colocar em destaque pessoas ou fatos e realçar o significado que tem para um determinado grupo de pessoas. Uma celebração litúrgica tem como objetivo celebrar Jesus Cristo e seu mistério pascal.

Compromisso: Participação e atuação profética do cristão nas estruturas da sociedade, em que se decide e se organiza a vida social, desde a vida do bairro até os organismos em nível regional, nacional ou internacional. Está relacionado com a missão da Igreja no mundo, com a transformação da sociedade, com a civilização do amor.

Epíclese: Invocação sobre o pão, o vinho, a comunidade reunida, a água do batismo, o óleo, a pessoa vocacionada... para que Deus envie o Espírito Santo santificador e realize a transformação pascal.

Eucaristia, "ação de graças": Ação litúrgica central de nossa fé na qual a comunidade reunida em assembléia celebra o mistério pascal de Jesus Cristo, com os sinais do pão e do vinho e é associada a este mistério. Nome mais divulgado: "Missa". Consta de duas partes centrais: liturgia da Palavra e liturgia eucarística.

Eucologia: Do grego *euché* = oração, e *lógos* = discurso. Conjunto das orações litúrgicas da Igreja. A mesma palavra é usada também para designar o estudo que se faz deste conjunto de orações.

Experiência litúrgica: É experiência do mistério celebrado na liturgia, pela participação na ação ritual. Nasce da interação do sujeito da celebração litúrgica com os dados objetivos do rito: seu referente, seus sinais, seus efeitos pretendidos, entrando pessoalmente na ação comunitária, ritual, da memória pascal de Jesus Cristo, no Espírito Santo.

Hermenêutica, interpretação: Indica a arte da interpretação e também o estudo sobre como fazer isso. A palavra vem do grego *hermeneuein*, *hermeneia*.

Homilia: A palavra "homilia" (do grego *homilein*) sugere uma conversa familiar. Momento privilegiado da interpretação da Palavra de Deus na celebração litúrgica, após a proclamação das leituras bíblicas, formando um elo com a oração universal e com a liturgia sacramental que vem a seguir.

Inculturação: "A inculturação significa uma íntima transformação dos valores culturais autênticos, graças à sua integração no cristianismo e ao enraizamento do cristianismo nas diversas culturas humanas." Trata-se de um duplo movimento: 1) a Igreja encarna o Evangelho nas diversas culturas; 2) ao mesmo tempo, assimila os valores daquelas culturas, se compatíveis com o Evangelho, "para aprofundar melhor a mensagem de Cristo e exprimi-la mais perfeitamente na celebração litúrgica e na vida da variada comunidade dos fiéis" (cf. Congregação para o Culto Divino, *A liturgia romana e a inculturação*, 1994, n. 4).

Liturgia: *Lit* tem relação com a palavra grega *laos*: povo. "Urgia" é derivada das palavras gregas *ergon* (substantivo) e *ergomai* (verbo): trabalho, serviço, ação; trabalhar, servir, agir... Daí: "liturgia" é ação do povo ou serviço a favor do povo. Podemos falar em: a) liturgia em sentido amplo: toda a vida cristã como serviço a Deus (liturgia-vida); b) liturgia em sentido restrito: as celebrações litúrgicas (liturgia-celebração) que estão no centro e na raiz da "liturgia-vida". A liturgia é ao mesmo tempo serviço de Deus a seu povo (santificação, divinização, pascalização) e serviço do povo a seu Deus (glorificação).

Memorial, recordação: Em hebraico *zikarón*, em grego *anámnesis*). Não se trata de uma simples recordação, uma simples lembrança. Trata-se de uma participação no fato lembrado, graças à participação no rito celebrado. O memorial traz o fato recordado ritualmente presente, hoje. Assim, toda vez que, pela ação litúrgica fazemos "memória" do fato central de nossa fé, acontecido uma única vez, o "mistério de nossa fé" é atualizado: acontece para nós, em nós, aquilo que é celebrado.

Mistério pascal: Refere-se à vida, morte e ressurreição de Jesus, o Cristo, como revelação do mistério de Deus, de seu desígnio para com a humanidade, que envolve afinal o mistério da cada pessoa humana. É ainda a presença dinâmica de Cristo Ressuscitado que, juntamente com o Espírito Santo, vai permeando e transformando toda a realidade humana e cósmica. É este o mistério que atualizamos e do qual participamos em todas as celebrações litúrgicas.

Mística: A mística (ou espiritualidade) tem sua raiz no mistério. Diz respeito à nossa vida de comunhão com Deus, ao nosso mergulho no mistério, na própria vida de Deus. A mística cristã é necessariamente uma participação na morte-ressurreição de Jesus Cristo. Passa normalmente pela celebração do mistério pascal, já que a liturgia é cume e fonte de toda a vida cristã, portanto, também da mística.

Música ritual: É música que acompanha as ações sagradas e é considerada parte integrante delas, tendo a mesma eficácia e o mesmo objetivo.

Neófito: É o recém-batizado. Começa a dar os primeiros passos na comunidade. Precisa ser acolhido. Durante o tempo da mistagogia deve ser lembrado na homilia e na oração dos fiéis.

Recordação da vida: É um momento em que se lembram sucintamente fatos importantes da vida, acontecimentos significativos, que formam como que o pano de fundo com o qual se desenrola a celebração. Geralmente, é realizada nos ritos iniciais. Os fatos poderão ser retomados em vários momentos da celebração: no rito penitencial, na homilia, nas preces, na ação de graças.

Participação: "Participar" é "ter parte". Ter parte de quê? Da ação litúrgica, da vida litúrgica, da ação sagrada. No entanto, se a ação litúrgica não é apenas uma exterioridade, mas expressão do mistério de Deus, do mistério de Cristo, então, participar da ação litúrgica significa ter parte no mistério que está sendo celebrado. É sinônimo de comunhão (*koinonia*), comunhão com Cristo, e através dele e de seu Espírito, com o Pai e entre nós.

Sacerdote, sacerdócio, sacerdotal: Do latim *sacra dare*, dar o sagrado. O sacerdote é um mediador entre o ser humano e Deus, aquele que permite entrar em diálogo e comunhão com Deus. No cristianismo só há um único mediador, um único sacerdote: Jesus Cristo. Pelo batismo, somos feitos uma coisa só com Cristo e, dessa forma, participamos de seu sacerdócio. Somos chamados a possibilitar e garantir o diálogo entre Deus e a humanidade. Este sacerdócio batismal é a base da participação de todo o povo de Deus na sagrada liturgia. O sacerdócio do clero (sacerdócio ministerial) brota da mesma e única fonte — o sacerdócio de Cristo — e está a serviço do sacerdócio do povo.

Sacramento, sacramental, sacramentalidade: O sacramento geralmente se refere a um "sinal sensível" no qual "transparece" e atua uma "realidade invisível", divina: o mistério de nossa fé. Podemos distinguir sacramentalidade em sentido amplo: Deus pode revelar seu mistério em muitos sinais: na criação, na cultura, em acontecimentos do dia-a-dia, nos pobres, na atuação da Igreja, em outras tradições religiosas...; sacramentalidade em sentido restrito: as ações litúrgicas realizadas pela comunidade reunida, como sinais privilegiados que expressam o mistério de Deus revelado em Jesus Cristo e que se tornam para nós, cristãos, sinais de referência para perceber, desvendar, discernir, ler... os sinais sacramentais em sentido amplo. O sacramento central de nossa fé é a eucaristia.

Símbolo, ação simbólica (na liturgia): São "sinais sensíveis" de nosso cotidiano, de nossa cultura, que vêm carregados de um significado relacionado com nossa fé. Sempre se referem àquilo que festejamos em todas as celebrações litúrgicas: o mistério de Jesus Cristo e nossa participação neste mistério. São eficazes: realizam aquilo que significam. As ações simbólicas mais importantes são os sacramentos.

Sinergia (do grego: *syn + ergon, ergomai*): Uma ação conjunta, uma cooperação, um trabalho ou serviço realizado em conjunto, ou também de uns para com os outros. A liturgia é feita em "sinergia" entre Deus e nós, entre o Espírito e a Igreja.

Teologúmeno: opinião teológica que não pertence ao acervo da fé, mas é comumente aceita.

SUMÁRIO

APRESENTAÇÃO DA COLEÇÃO 5

INTRODUÇÃO 9

CAPÍTULO I. INICIAÇÃO CRISTÃ E SEUS SACRAMENTOS 11
  1. Sociedade atual e processo iniciático 13
  2. O que se entende por iniciação cristã 15
    2.1. Ruptura 16
    2.2. Provas 17
    2.3. Reinserção 18
  3. Batismo, crisma, eucaristia, momentos sacramentais da iniciação cristã 18
    3.1. Primeiro momento: batismo de crianças 19
    3.2. Segundo momento: crisma 22
    3.3 Terceiro momento: eucaristia 23
  4. Ritual da iniciação cristã de adultos e sua aplicação pastoral 25

CAPÍTULO II. O SACRAMENTO DA EUCARISTIA,
RAIZ E CENTRO DA COMUNIDADE CRISTÃ 31
  1. Uma teologia eucarística que parte da ação ritual eucarística 32
  2. O que Jesus fez na última ceia e por quê? 33
  3. O que Jesus nos mandou fazer e por quê? 34
    3.1. Quais são estas ações? 34
    3.2. Qual é o sentido teológico fundamental subjacente à ação eucarística? 35
  4. Mistério de nossa fé, mistério pascal 35
  5. Ação de graças ao Pai 37
  6. Invocando a ação do Espírito Santo (epiclese) 39
  7. Fração do pão e comunhão com pão e vinho 40
  8. Palavra e eucaristia formam uma unidade 41
  9. O sujeito da ação eucarística é a comunidade eclesial, povo sacerdotal 42
  10. Confronto com nossa prática 44

CAPÍTULO III. OS DEMAIS SACRAMENTOS DA VIDA CRISTÃ 47
  1. O sacramento da reconciliação 47
    1.1. Reconciliação: conversão e renovação da aliança 49
    1.2. Estrutura e elementos do sacramento da reconciliação 50
      a) A Palavra de Deus 50
      b) A conversão (contrição) 51
      c) A oração (confissão) 52
      d) O compromisso (satisfação) 53
      e) A reconciliação (absolvição) 54

1.3. Outras possíveis formas de reconciliação sacramental 56
    a) Quaresma, "sacramento anual" da reconciliação 56
    b) Romaria, caminho de reconciliação 57
2. O sacramento da unção dos enfermos 58
    2.1. Nova concepção sobre a unção dos enfermos 59
    2.2. Conclusão 60
    Excursus – O ministro da unção dos enfermos 61
3. Sacramento da ordem 62
    3.1. Diaconato 62
    3.2. Teologia do diaconato 62
    3.3. Presbiterado 64
    3.4. O ministério dos presbíteros 65
    3.5. Episcopado 66
    3.6. Funções episcopais 67
    3.7. Colegialidade episcopal 69
4. Sacramento do matrimônio 70
    4.1. Fé e sacramento 70
    4.2. Indissolubilidade do matrimônio 71
    4.3. Liturgia matrimonial 72

CAPÍTULO IV. **OS SACRAMENTAIS** 77
1. Bênçãos 78
    1.1. Raízes bíblicas das bênçãos 78
    1.2. Sentido teológico das bênçãos 79
    1.3. O *Ritual de bênçãos* 80
2. Consagração das virgens 81
    2.1. Teologia da virgindade consagrada 81
    2.2. O rito de consagração das virgens 82
3. Profissão religiosa 83
    3.1. Teologia da vida religiosa 83
    3.2. O rito da profissão religiosa 84
    Excursus – A bênção do abade e da abadessa 86
4. Exorcismo 86
    4.1. A existência do demônio 87
    4.2. Liturgia dos exorcismos 88

CAPÍTULO V. **EXÉQUIAS** 93
1. A morte proibida 94
2. A morte cristã 95
3. A celebração cristã da morte 96
4. Cremação ou incineração 98
5. Pastoral das exéquias 100

CAPÍTULO VI. **O MISTÉRIO CELEBRADO AO LONGO DO TEMPO** 105
1. Vidas marcadas pelo tempo 105
2. A compreensão do tempo na tradição judaica 106
3. A maneira cristã de entender o tempo 107

4. Um tempo próprio para a celebração do mistério cristão 108
5. A sacramentalidade do tempo litúrgico 110
6. O ritmo diário 112
7. O ritmo semanal 112
8. O ritmo anual 114
   8.1. O ciclo do Natal 114
   8.2. O ciclo da Páscoa 115
   8.3. O tempo comum 116
   8.4. O santoral 117
9. Acompanhando os ritmos da vida de cada um de nós 117
10. Celebrando os acontecimentos históricos 118

CAPÍTULO VII. **CELEBRAÇÃO DOMINICAL DA PALAVRA** 123
1. Numa situação de emergência, o trabalho do Espírito de Deus 123
2. A celebração do domingo na ausência do padre –
   características e valor teológico-litúrgico-pastoral 124
3. Elementos indispensáveis e possíveis esquemas de celebração 128
4. Celebração da Palavra e Ofício Divino 129
5. Com ou sem distribuição da sagrada comunhão 130
6. Com ou sem partilha de alimentos 130
7. Louvor e ação de graças 132
8. Presidência ou coordenação 133

CAPÍTULO VIII. **LITURGIA DAS HORAS (OFÍCIO DIVINO)** 137
1. Liturgia das Horas: O que é? De onde vem? 137
2. As horas 139
3. Elementos e sua seqüência nos ofícios da manhã e da tarde 140
4. O que acontece quando celebramos a Liturgia das Horas? 142
5. Oração comunitária, oração pessoal e a vida como liturgia.................. 144
6. O *Ofício Divino das Comunidades*, uma Liturgia das Horas inculturada 145

CAPÍTULO IX. **UM ESPAÇO PARA AS CELEBRAÇÕES DA COMUNIDADE** 149
1. A novidade: não temos templo 149
2. Um lugar de reunião para a comunidade 150
3. A dedicação de igreja e altar como rito que expressa o sentido
   da igreja-construção 152
   3.1. Ritos iniciais – A igreja é casa da comunidade, lugar da assembléia litúrgica 152
      a) Seqüência dos ritos 152
      b) Sentido dos ritos 153
   3.2. Liturgia da Palavra: a igreja é lugar da escuta da Palavra do Senhor 153
      a) Seqüência dos ritos 153
      b) Sentido dos ritos 153
   3.3. Prece de dedicação e unções: no centro da igreja,
      o altar da eucaristia, a mesa do Senhor 154
      a) Seqüência dos ritos 154
      b) Sentido dos ritos 154

3.4. Liturgia eucarística: a igreja é o lugar da memória do Senhor, celebração do mistério pascal 155

  a) Seqüência dos ritos 155

  b) Sentido dos ritos 156

3.5. Bênção e despedida: a igreja é centro de irradiação da missão na sociedade e no mundo 156

VOCABULÁRIO 159

SIGLAS

AA.VV. Autores Vários.

AG *Ad Gentes* – Concílio Vaticano II, Decreto sobre a Atividade Missionária da Igreja, 1965.

CB *Cerimonial dos bispos.*

CD *Chritus Dominus* – Concílio Vaticano II, Decreto sobre o Múnus Pastoral dos Bispos na Igreja, 1965.

CELAM Conselho Episcopal Latino-Americano.

CIC Catecismo da Igreja Católica.

CNBB Conferência Nacional dos Bispos do Brasil.

CT *Catechesi Tradendae* – A Catequese Hoje, Exortação Apostólica de João Paulo II.

DCDAP CONGREGAÇÃO PARA O CULTO DIVINO. Diretório para Celebrações Dominicais na Ausência do Presbítero. *L'Osservatore Romano*, 28.12.1988, pp. 6ss.

DGC *Diretório Geral para a Catequese.*

DH *Dignitatis Humanae* – Concílio Vaticano II, Declaração sobre a Liberdade Religiosa, 1965.

DILI SARTORE, D. & TRIACCA, A. M. (orgs.). *Dicionário de Liturgia*. São Paulo, Paulinas/Paulus, 1992.

DMVP *Diretório para o Ministério e a Vida do Presbítero.*

DMC *Diretório para Missas com Crianças.*

DPB *Ecclesiae Imago*, Diretório Pastoral dos Bispos.

EN *Evangelii Nuntiandi* — A Evangelização no Mundo Contemporâneo, Exortação Apostólica de Paulo VI.

EV *Evangelium Vitae* — O Evangelho da Vida, Carta Encíclica de João Paulo II.

IELM Introdução ao Elenco das Leituras da Missa.

IGLH Instrução geral da Liturgia das Horas.

IGMR *Instrução geral do missal romano.*

LG *Lumen Gentium* – Concílio Vaticano II, Constituição Dogmática sobre a Igreja, 1964.

MED "Documento de Medellin" – CELAM, *A Igreja na atual transformação da América Latina à luz do Concílio,* 1968.

PDV *Pastores Dabo Vobis* – Sobre a Formação dos Sacerdotes, Exortação Apostólica de João Paulo II.

PO *Presbyterorum Ordinis,* Concílio Vaticano II, Decreto sobre o Ministério e a Vida dos Presbíteros, 1965.

PUE "Documento de Puebla" – CELAM, *A evangelização no presente e no futuro da América Latina,* 1979.

RB *Ritual de bênçãos.*

RBC *Ritual do batismo de crianças.*

RC *Ritual da confirmação.*

RCV	*Rito da consagração das virgens.*
REx	*Ritual de exéquias.*
RE	*Ritual de exorcismos.*
RICA	*Ritual da iniciação cristã de adultos.*
RiP	*Ritual da penitência.*
ROB	*Pontifical romano*, ordenação de um bispo
RP	*Reconciliatio et paenitentia* – Reconciliação e penitência, Exortação Apostólica de João Paulo II.
RPR	*Rito de profissão religiosa.*
SCDF	Sagrada Congregação para a Doutrina da Fé
SC	*Sacrosanctum Concilium* – Concílio Vaticano II, Constituição sobre a Sagrada Liturgia, 1963.
UR	*Unitatis redintegratio* – Concílio Vaticano II, Decreto sobre o ecumenismo, 1964.
VC	*Vita consecrata* – Sobre a vida consagrada e a sua missão na Igreja e no mundo, Exortação Apostólica de João Paulo II.

ABREVIATURAS

cân.	Cânone do *Código de Direito Canônico*
cap.	Capítulo
cf.	Confira
col.	Coleção
doc.	Documento
ed.	Edição ou Editora/Editor
ibid.	ibidem, mesma obra
Idem	O mesmo autor
n./nn.	Número/números
op. cit.	Obra citada
p./pp.	Página/páginas
P.G.	Migne, Patrologia Grega
t.	Tomo

Impresso na gráfica da
Pia Sociedade Filhas de São Paulo
Via Raposo Tavares, km 19,145
05577-300 - São Paulo, SP - Brasil - 2016